Anotações sobre sexualidade

Discussões científicas traduzidas para linguagem comum

Oswaldo M. Rodrigues Jr.

Capa: Oswaldo M. Rodrigues Jr.
Fotos: Oswaldo M. Rodrigues Jr. feitas em viagens.

Rodrigues Jr., Oswaldo M., 1959-
    Anotações sobre sexualidade, Discussões científicas
    traduzidas para linguagem comum / Oswaldo M. Rodrigues
    Jr.;
    São Paulo: Instituto Paulista de Sexualidade, 2014.
    ISBN-13: 978-1500169220
    ISBN-10: 1500169226

    1. Sexualidade. 2. Psicologia. 3. Sexologia. I. Título.

Instituto Paulista de Sexualidade
Rua Angatuba, 370 – Pacaembu
01247-000 – São Paulo – SP
Brasil
www.inpasex.com.br

Dedicatória

Sempre que escrevemos um livro ou desenvolvemos um projeto em nossas vidas pensamos nas pessoas a nossa volta.

Assim, a minha companheira de vida, **Carla Zeglio**, está em primeiro lugar, e a ela dedico estes meus escritos.

Depois a meus atuais companheiros de consultório, repetindo a Carla Zeglio, ao Diego H. Viviani, à Carolina C. Fernandes e à Giovanna Z. Lucchesi.

Naturalmente não posso esquecer aos que todos os dias me são motivo de continuar a estudar e buscar a compreensão para cada um de meus clientes em psicoterapia: meu carinho especial, mesmo que não os deva nomear aqui (eles saberão!).

E aos companheiros do **GEPIPS** – Grupo de Estudos e Pesquisas do InPaSex, que incluem os que aqui estão, mas também colegas no Uruguay, Argentina, Paraguay, Peru, Equador e Colombia, que conformam a Rede Latino-americana de Investigação em Sexualidade – RELIS.

Apresentação

Há 30 anos que mantenho uma atividade profissional diária na psicologia: atender no consultório pessoas que me procuram em busca de superarem dificuldades emocionais, comportamentais, e em especial sexuais.

Atualmente ainda mantenho pouco mais de 30 horas semanais de atendimentos no consultório, o InPaSex – Instituto Paulista de Sexualidade, na cidade de São Paulo.

Este trabalho tem produzido muita compreensão sobre os relacionamentos humanos, relacionamentos afetivos, casais e a função da atividade sexual para nós humanos.

Este cotidiano também me conduziu a estudar, ler, procurar subsídios em pesquisas e publicações científicas para auxiliar e pautar-me nesta interface com meus clientes.

Assim, aos poucos, vou produzindo textos que saíram das discussões e debates a partir do que estudo e pratico com meus clientes.

Outros trazem informações de pesquisas que realizamos junto do GEPIPS, nosso grupo de pesquisas do InPaSex. Sempre compreendemos mais sobre o que fazemos e assim podemos aplicar semanalmente nas sessões psicoterápicas com foco na sexualidade.

A cada sessão que termina e antes de cada nova se iniciar, é necessário que atente para assuntos específicos, retome leituras, revise livros e revistas científicas na estante, na biblioteca, e acessando a internet. Rever ideias e informações. E assim estes textos foram sendo construídos.

A cada hora no consultório recebo questionamentos que exigem elaboração, que exigem respostas que preciso embasar cientificamente, e não em minha opinião pessoal ou em minha vivência. Por isso posso trazer estas discussões nestes textos.

Convido a cada leitor a observara cada texto com crítica e poderem aplicar estas discussões em suas vidas, e assim correr o risco de melhorarem-se na sexualidade e em suas vidas, encontrando a saúde sexual que merecem!

Se precisar, entre em contato, sempre existe algo que fica nebuloso, que traz inquietudes, que mobiliza para novas compreensões...

São Paulo, junho de 2014.

Oswaldo Martins Rodrigues Júnior
Psicoterapeuta sexual e de casais
InPaSex – Instituto Paulista de Sexualidade
www.inpasex.com.br
Diretor da **ALAMOC** – Associação Latino-americana de Modificação do Comportamento e Terapia Cognitivo-Comportamental (2010-2014)
Editor da revista **Terapia Sexual** (desde 1998)
Coordenador de pesquisas do **GEPIPS** – Grupo de Estudos e Pesquisas do InPaSex

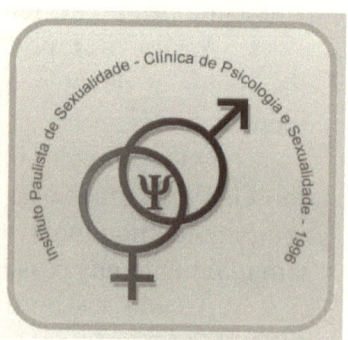

Índice

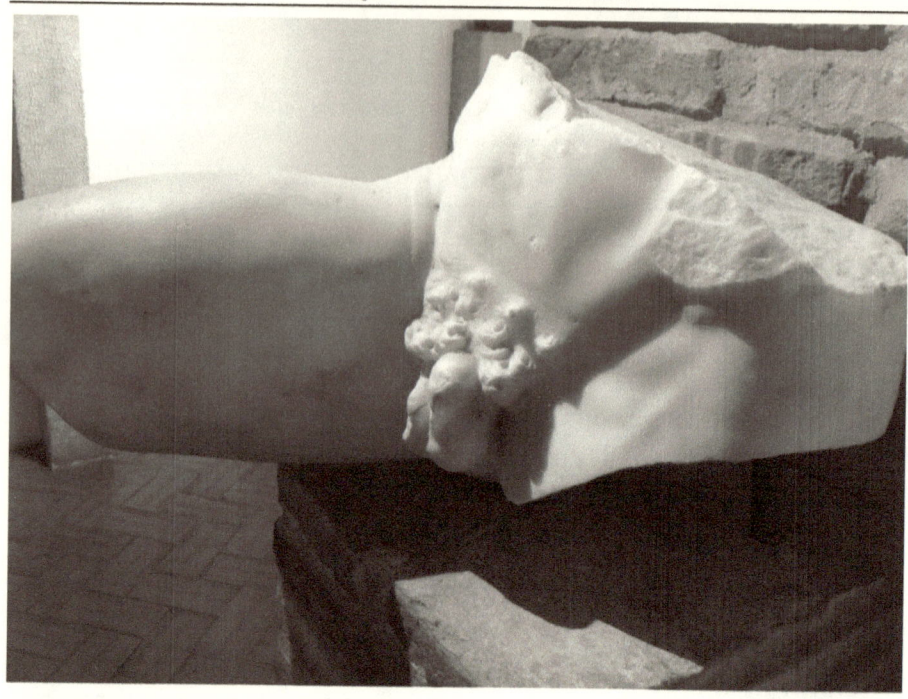

Sexualidade e a necessidade de constante conhecimento

Um dia desses passados, ao terminar uma conferência sobre direitos sexuais na Secretaria da Cultura da cidade onde nasci, alguém da plateia levantou a mão para perguntar algo quase pessoal. Era uma tia que perguntou como é que eu tinha me enveredado por esta área de atuação, mexer com sexualidade, justificando que eu era muito quietinho, sempre estudioso e bem comportado (como se eu houvesse deixado de ser estudioso ou bem comportado...). Mas isso trás dois pontos para nos fundamentar:

- falar de sexo ainda é algo que se pressupõe ilícito, errado e muito barulhento (preciso deduzir);

- sexo parece não precisar ser estudado...

Desde os livros de Fritz Kahn (a exemplo de "Amor e Felicidade no Casamento", Editora Melhoramentos - RJ) que tiveram muitas edições em português, as dúvidas sobre a sexualidade permanecem as mesmas, geração após geração.

Conversar sobre sexo não parece ser algo esperado pelo cotidiano das pessoas. Muitos são os que me demonstram, na rua ou no consultório, que crêem firmemente que sexo seja natural, não se aprende. O natural significando que apenas o biológico com o que nascemos basta para que o sexo se manifeste "naturalmente".

Mas sexo não é mais a mesma coisa que foi um dia na pré-história humana. Sim, pré-história, pois sei que no período histórico as expressões da sexualidade tem sido ensinadas, trasmitidas na forma de regras e crenças em todas as diferentes culturas humanas.

Mas os mesmos métodos de transmissão oral devem ter ocorrido na pré-história...

Desde que o ser humano inventou formas de escrita podemos ler estas regras em todas as diferentes culturas com suas escritas, desde os hieróglifos egípcios, aos cuneiformes babilônicos e os alfabetos fenícios/gregos que produziram as escritas européias que usamos.

Mas posso responder pelos últimos trinta anos de envolvimento com as atividades científicas e profissionais na psicologia ao atuar com questões da sexualidade.

Na década de 1980, após terminar a faculdade, atuei como professor de psicologia comportamental na faculdade de psicologia da UNIMARCO, junto a uma equipe desenvolvemos um curso de educação sexual para os alunos atuarem numa escola próxima com adolescentes. Ouvimos as dúvidas sexuais... alguns estudos e livros nos anos seguintes e continuávamos a ouvir dúvidas sexuais, de novos adolescentes, e de adultos.

Isto apenas nos mostrava que a educação sexual para adolescentes é uma atividade que não finda, pois novos adolescentes continuam aparecendo a cada ano, renovando as mesmas dúvidas e preocupações.

E se pensarem que adultos que se consultam no Instituto Paulista de Sexualidade tem dúvidas ou preocupações diferentes... enganam-se!

No adulto aquelas dúvidas transformam-se em problemas sexuais, queixas e sofrimentos que exigem tratamentos psicoterápicos para que modifiquem a condição que os conduz ao consultório sexológico.

Assim, devo lembrar àquela minha tia... trabalho diariamente para que as pessoas sejam felizes, resolvam suas dificuldades sexuais e possam se sentir saudáveis!

Isso continua motivando-me a estudar, pesquisar, debater e buscar melhorar a atuação psicoterápica para que auxilie pessoas na busca desta saúde sexual tão necessária!

Falar de sexo com os filhos

Em nossa cultura falar de sexo é sempre complicado. Falar de sexo com os filhos... mais ainda.

A vida sexual pertence a um mundo particular, da esfera da vida privada das pessoas. Claro que isto também se refere a pais e filhos, relacionamento onde falar de sexo parece ser muito complicado para as pessoas em nossa cultura e neste momento histórico. Nunca foi fácil falar com filhos sobre sexo e ainda deve demorar um bom tempo para que isto se formalize de modo tranquilo e útil para os pais e para os filhos.

Não é comum filhos receberem instrução sobre a vida sexual a partir dos pais. O primeiro problema desta falta é exatamente os pais não terem certeza do que devem ou podem falar aos filhos, e muito menos tiverem eles mesmos um processo educativo e informativo sobre a sexualidade. Não sabendo o que falar, temem prejudicar mais ainda o desenvolvimento da sexualidade dos filhos.

Nossa cultura ocidental tem deixado para a escola, nas vozes dos professores, a tarefa de apresentar às crianças e adolescentes as respostas aos questionamentos sobre sexualidade. Em alguns momentos e em alguns lugares, sob esforços de algumas escolas, na maior parte das vezes com auxílio de outros profissionais de saúde, em especial psicólogos, tem ocorrido uma educação sexual afetiva e efetiva que auxilia os adolescentes a compreenderem-se sexualmente. É bem verdade que muitas vezes as escolas buscam na voz de algum profissional de saúde "aulas de educação sexual" que apenas se apresentam como fatores de ansiedade aumentada para os adolescentes quando se lhes apresentam os problemas do exercício da sexualidade: gravidez e doenças sexualmente transmissíveis... pobres adolescentes ouvindo o que de terrível acontece com algumas pessoas e deixando de ouvir o que eles querem saber e o que de bom pode vir desta coisa que deveria conduzir à saúde sexual.

Aos pais caberia, e no futuro quando existirem pais preparados, conversar de modo direto e afetivo, sem rodeios e apresentando as várias facetas da sexualidade.

Aos filhos, quando recebem informações, apoio e condições de compreenderem as possibilidades que advêm do exercício da sexualidade, permite-se que cheguem à possibilidade da saúde sexual. Esta saúde sobre a sexualidade cada vez mais se impõe, pois será o resultado de uma saúde física, de uma saúde mental e de uma saúde social. Falar constantemente de sexo conduzirá à possibilidade da saúde sexual, com um sentimento de felicidade e bem estar compatíveis apenas com a saúde sexual.

Os pais precisam compreender que os filhos iniciam as curiosidades e preocupações com o que denominamos de sexo desde os primeiros anos de vida. Seus questionamentos iniciam-se com o poder da linguagem. Ao poderem perguntar, já perguntarão sobre sexo, da mesma forma que perguntam de todas as coisas.

Aos pais cabe responder compreendendo como a criança, de cada idade, é capaz de aprender o que eles falam.

Ainda vivemos uma fase onde os pais temem muito falar o que "não devem", esquecendo-nos de que precisamos aprender o assunto e a forma de falar de acordo com a idade dos filhos.

Os pais não devem mentir, nem se omitir de falar abertamente sobre sexo, em especial quando perguntados pelos filhos. A pena para ambos será da falta de confiança. Um filho que não ouve uma resposta ao que pergunta, não tornará a perguntar a este pai: aprendeu que este não é um tema que o pai se dispõe a falar... e crianças aprendem depressa...

Ao escondermos, ou omitirmos, nos tornamos omissos em instruir crianças, desde que aprendem a falar, produzimos crianças cada vez mais curiosas em querer saber o que é isso que tanto se esconde delas... e como é isso de "fazer sexo", sendo que desde cedo, por observação, compreendem que é assim que se fazem os bebês... então teremos meninas adolescentes engravidando para saberem ser capazes de terem filhos, e meninos querendo provar que também são capazes de inseminar alguém...

Todos os problemas enfrentados pelos adolescentes e adultos sobre as questões da sexualidade serão produto da falta de diálogo entre pais e filhos sobre sexo. Desde gravidez na adolescência, doenças sexualmente transmissíveis, problemas com o desempenho sexual (disfunções sexuais no homem e na mulher), sofrimentos emocionais que não facilitarão aos adolescentes compreenderem sentimentos e desejos relacionados a sexo. E alguns adolescentes, sentindo-se incapazes de administrar as dúvidas geradas a partir da sexualidade chegam a buscar no suicídio a salvação do sofrimento que vivem...

Os pais tem pouca influência sobre o comportamento adolescente, uma vez que esta fase de desenvolvimento na cultura ocidental atual é marcada de buscar uma identidade que os separa dos pais, diferenciando-os como indivíduos.

Porém, sem a participação continuada dos pais, os adolescentes mais se distanciarão, até que se cumpram na finalidade de uma identidade diferenciada. A maioria, ao adultecerem-se, após os 20 anos (alguns antes, e muitos bem depois), estarão se comportando de modo muito semelhante aos pais... e com certeza repetindo aos filhos os mesmos erros sobre a educação para a sexualidade.

Conversar com os filhos sobre sexo choca mais aos pais, ou tão somente aos pais.

Primeiro os pais precisam se instruir. Eles têm que saber quais são as limitações pessoais, morais e éticas que tem. Ao reconhecerem este passo poderão buscar instrução para si mesmos. Somente depois conseguirão treinar-se para terem uma verbalização assertiva, de modo afirmativo e que contenha emoções coerentes com que estão falando.

Falar de sexo precisa ocorrer quando se mostrar necessário... de nada adianta esperar um dia ou dois anos por acharem que deve ser assim. Este é o engano maior que os pais comentem e seguirão cometendo por terem crenças errôneas sobre sexo e sobre como dialogar com os filhos sobre sexo.

Então, procure saber mais sobre sexo, conheça e reconheça suas dúvidas e encare seus mitos sobre sexo! Prepare-se para mudar e ajude seus filhos a serem mais felizes!

Relacionamentos de casal e compromissos

Um relacionamento de casal implica em uma condição de acordo mútuo, um contrato que implica em compromisso de longo prazo.

Em nossa cultura este compromisso de casal passa a ser legalizado com o casamento para que o compromisso seja percebido, reconhecido por todos ao redor, pela família, pelos amigos e pela sociedade em que o casal se insere. Este é um mecanismo que ao longo da história tem funções variadas e entremeadas, a exemplo de garantir a criação de filhos. As cerimônias religiosas de casamento sempre visaram esta exposição social dos dois contratantes, formalizando que o compromisso se estabeleceu à vista da comunidade.

Um compromisso de casamento deveria ser algo muito importante, e é, mas nem sempre as pessoas assinam o compromisso realizando que estão se envolvendo num compromisso de tal monta. Até é possível que um dos dois esteja se comprometendo externamente, mas internamente esteja se prometendo não cumprir o combinado. Claro que este descumprir o combinado implica em características de personalidade que permitem que a pessoa quebre regras, não sinta que precise cumprir, coloque-se acima do bem e do mal e do compromisso social, ou que não compreenda a importância do compromisso que esteja assumindo.

O namoro na cultura ocidental foi se estabelecendo como uma forma de pré-compromisso, no qual os indivíduos buscam "se conhecer", saber se podem cumprir o compromisso mútuo. Este conhecer-se sempre compreendeu os relacionamentos sexuais inclusive, mesmo que até no século XX houvesse uma ideia de que o sexo não deveria ocorrer. O namoro sempre serviu para permitir a desistência caso compreendessem que os dois não serviam-se mutuamente para o estabelecimento do compromisso. O namoro permite ambos saberem se são capazes de suportar frustrações que ocorrem neste relacionamento específico, estabelecerem-se os limites, treinarem e investirem nas habilidades necessárias para o convívio a dois.

Após reconhecerem-se, os indivíduos podem contratar o casamento, já conhecendo as limitações que enfrentarão!

Se não compreenderam que o compromisso foi efetuado, homens que querem um afastamento momentâneo estão disfarçando neste pedido alguma característica com a qual não sabem lidar, esvaindo-se do compromisso. Alguns o farão na tentativa de "não magoar", considerando que indo devagar com a separação será melhor para a outra pessoa não sofrer, o que raramente será verdadeiro. Mas pressupostos e crenças semelhantes poderão ser ouvidos com frequência.

Alguns homens, por suas características, usarão este subterfúgio para ter oportunidades de vivenciar outras situações e assim ter como tomar decisões a partir do conhecimento de como satisfazer as próprias necessidades individuais.

Este homem apenas reforça a ideia de que ele não se conhecia o suficiente naquele momento em que contraiu o compromisso e de que não pretendia manter-se no compromisso individual, conjugal e social do casamento.

Também precisamos compreender que em nossa cultura os homens que não queiram estabelecer relacionamentos de longo prazo não terão alternativas fáceis ou viáveis, pois do outro lado, as mulheres também não costumam assimilar facilmente uma proposta de relacionamento parcial, de curto prazo ou sem comprometimentos dos formatos previstos nesta cultura: casamento.

Resposta sexual masculina

Os estudos que nos ensinaram como os genitais masculinos funcionam sexualmente encontraram as primeiras descrições científicas em Leonardo Da Vinci que dissecou o pênis. Com a década de 1960 apareceram os estudos de laboratório de William H. Masters e Virginia E. Johnson. Estudando corpos em interação sexual no laboratório puderam deduzir vários aspectos do funcionamento sexual e consagraram as bases da resposta sexual fisiológica. Mas foi apenas na década de 1980 com as agremiações científicas ISSM (*International Society for Sexual Medicine*, àquela época denominada *International Society for Impotence Research*) e ABEIS (Associação Brasileira para o Estudo da Inadequação Sexual, à época denominada Associação Brasileira para o Estudo da Impotência), em especial pelos estudos do Prof. Pedro Puech-Leão, que se reconheceram as estruturas internas do pênis e que permitiu vários desenvolvimentos posteriores, incluindo medicamentos vendidos atualmente nas farmácias do mundo todo.

Quais são os eventos mais importantes para o funcionamento sexual do homem?

Existem três componentes físicos para que o homem tenha um funcionamento sexual: anatômico, vascular e neurológico. Ter todos os componentes físicos, anatômicos saudáveis é o primeiro ponto. Defeitos oriundos de gestação ou genética, embora raros, precisam ser considerados por um exame físico. As artérias e veias precisam ter um funcionamento correto no genital; a entrada e saída de sangue nos genitais são fundamentais para o bom funcionamento da ereção peniana. Os nervos que conduzem e controlam informações para e desde o pênis precisam estar saudáveis.

Devemos pensar em três fases subsequentes e que se complementam, sobrepondo-se e sendo interdependentes: Desejo, excitação e ejaculação.

- Desejo Sexual

A fase do desejo sexual tem sido debatida e desde a metade do século XX paira uma crença genérica, e mal discutida cientificamente com embasamento em evidências, de que um único hormônio, a testosterona, seria o grande responsável pela existência do desejo sexual. A discussão foi tão extremada que ainda na década de 1950 médicos escreviam da impossibilidade das mulheres apresentarem desejo sexual pela pouca capacidade de produzir testosterona em quantidade semelhante ao homem.

Com o tempo e estudos, percebeu-se que a testosterona tem algum efeito sobre o desejo sexual, mas de modo circunstancial. Alguns exemplos extremados puderam ser observados. Desde afrescos arqueológicos escavados na cidade de Pompéia (Itália), em que se podia ver um homem em primeiro plano, de pernas semiabertas, sem os testículos e em plena ereção, até descrições de potentados árabes da Idade Média referindo eunucos que se envolviam sexualmente com as mulheres a quem deviam proteger. Ou relatos de soldados da Segunda Guerra Mundial que tiveram lesões testiculares e que se mantiveram sexualmente ativos por cerca de dez anos sem os órgãos produtores de testosterona funcionar. E mais recentemente criminosos sexuais castrados cirurgicamente ou quimicamente que mantém o desejo sexual, incluindo repetindo os crimes pelos quais haviam sido condenados.

A testosterona tem uma função muito importante e que se associa ao desempenho sexual. O bem estar físico e a disposição para atividades físicas no homem ocorrem na presença de maiores quantidades de testosterona. Isto implica que de manhã o homem tem mais disposição física e provavelmente terá melhor desempenho sexual, decrescendo ao final da tarde e início da noite. Também é necessário compreender que a vida sedentária produz uma condição fisiológica na qual a testosterona associa-se a outro hormônio de tal modo que os efeitos de disposição física ficam diminuídos e assim diminuída a disposição para a atividade sexual. Isto explica a condição dos homens após os 50 anos de idade em nossa cultura. Ao envelhecermos, nós homens nos sentimos dispensados de manter atividades físicas e assim diminuímos o efeito da testosterona que produzimos normalmente, e ao longo das décadas seguintes provocamos o corpo a decrescer a produção que se tornou inútil neste corpo.

Outros hormônios têm efeitos mais diretos no desejo, a exemplo da prolactina. Devido a tumores hipofisários, podemos ter aumento de produção de prolactina e este hormônio, além de dar ordens de diminuição de produção testicular de testosterona, produz lenhificação de ações mentais e físicas no corpo. Importante notar que o tumor cerebral que referimos será mais preocupante do que a diminuição do desejo sexual, razão que produzirá o tratamento medicamentoso deste problema antes de acontecer uma preocupação com o sexo.

Outras disfunções hormonais, a exemplo de hipertireoidismo ou hipotireoidismo, não facilitam o desempenho sexual além de produzir efeitos emocionais negativos muito importantes contra a expressão do desejo sexual no homem. Infelizmente hormônios da tireoide são usados para tentar emagrecimento mais rápido em fórmulas prescritas por médicos de qualquer especialidade, que muitas vezes não compreenderão os efeitos sexuais.

A função do desejo não depende da atração que o ambiente produz. Não é a outra pessoa que atrai, provocando o desejo sexual. O desejo se manifesta a partir do sujeito que controla a ação, mesmo que ele não consiga compreender este mecanismo. O ambiente propicia o desejo de acordo com as vivências anteriores e sedimentadas associando condições do ambiente com o prazer de significado erótico e sexual. Sem este significado mental, o desejo não se manifesta em direção aos objetos exteriores, aos relacionamentos interpessoais nem se considerando ações externas sobre o corpo. Nomear as sensações e estímulos qualificando-os de sexuais será o ponto mais importante do mecanismo de desejo sexual.

- A excitação sexual

A parte aparente da função sexual inicia-se quando os estímulos físicos atingem o corpo, venham pelos cinco sentidos, venham a partir de manifestações mentais (fantasias, pensamentos, ideias, imagens mentais, lembranças...).

Embora não sejam muito eficazes de modo direto, os produtos mentais conduzem informações aos genitais através do sistema nervoso autônomo e pelo sistema nervoso central através de nervos. As produções do pensamento auxiliam mais a focar a atenção no erótico e dão significado ao que está ocorrendo. Muitos homens percebem que na adolescência o efeito de pensar em sexo poderia produzir ereção, o que decresce com a idade. A maior parte dos homens não compreende que necessita adaptar-se com o correr dos anos ou aprender a usar os mecanismos mentais para influenciar a excitação sexual física, diferente de achar que basta pensar alguns segundos, mesmo em situação de adversidade para que os pensamentos produzam efeitos sobre a ereção.

A excitação sexual tem vários aspectos secundários, mas que tem grande importância no contato sexual, e por muitos homens desconsiderados.

Um exemplo é o denominado "rubor sexual". Cerca de 60% dos homens apresentarão uma vermelhidão da pele entre a testa e os joelhos. Este rubor varia de acordo com a tonalidade da pele, e na extensão, variando a partir dos genitais. Isto implica em relaxamento dos vasos sanguíneos conduzindo mais sangue para a superfície. Um aspecto útil é o do aumento da sensibilidade da pele avermelhada, produzindo mais sensações sexuais e eróticas facilitadoras da atividade sexual.

Os testículos se recolhem junto ao corpo, com um enrugamento intenso do escroto que os envolve. Assim facilita-se a proteção dos testículos mesmo com as bruscas movimentações coitais, e se permite que a ejaculação venha a ocorrer com mais facilidade.

Com a ereção acontecendo, duas glândulas na base do pênis, chamadas de Cowper, liberam algumas gotas de um líquido lubrificante para a uretra, e que neutralizam o PH, a acidez do tubo que conduzirá o esperma para fora do corpo. Alguns homens apenas poderão perceber um ligeiro brilho na saída do pênis, outros percebem um líquido viscoso que molha a ponta do pênis.

Mas o sinal maior da excitação é o pênis entrar em ereção.

Em verdade ereção não é um termo muito correto, pois existe uma grande variação do ângulo do pênis rígido com relação ao eixo do corpo, A maioria dos homens pensa que o pênis apontando para cima, ou "para o umbigo", é que determina o órgão estar preparado para o sexo. Alguns homens tem adequada rigidez de ereção mesmo que aponte para baixo. O que determina que o pênis rígido fique para cima são dois pequenos músculos que atuam como se fossem cabrestos puxando o pênis para cima, junto à base do órgão. Estes músculos tendem a afrouxar-se com o tempo e com o uso sem atrapalhar a capacidade de penetrar.

A ereção acontece a partir do fluxo sanguíneo temporariamente aumentado e que é armazenado dentro do pênis. Esta vaso congestão aumentada na área genital conduz o sangue para dentro do pênis através duas artérias com diâmetro semelhante ao da carga de uma caneta ou do grafite de um lápis. Um terço dos homens não tem uma das artérias funcionais, e isto não os impede de ter e manter ereções satisfatórias para o sexo.

O pênis consiste de três órgãos cilíndricos de tecido semelhante ao de uma esponja. Dois são chamados de corpos cavernosos que estão lado a lado, e muitas vezes unidos na ponta do pênis permitindo a troca de sangue internamente no pênis. Estes corpos cavernosos são envolvidos por capas chamadas de túnicas albugíneas, as quais conferem a rigidez ao pênis quando os corpos estão cheios de sangue. O tecido erétil do corpo cavernoso é um sistema semelhante a uma esponja de espaços vasculares irregulares que estão nos espaços entre artéria e veias. No estado flácido estes espaços são mais ou menos colapsados e contém pouco sangue; durante a ereção eles se tornam cavidades muito grandes distendidas com sangue. São necessários de 80 a 150 ml de sangue para encher o pênis, e um pequeno fluxo de 20 a 40 ml constantes para manter a ereção.

Abaixo e ao meio, existe o terceiro cilindro esponjoso. Este não tem a capa envoltória, e envolve a uretra. Ao encher-se de sangue, o corpo esponjoso, como é chamado, estreita a uretra, diminuindo o espaço para sair o esperma, provocando o efeito que temos na mangueira de jardim quando aguamos as plantas e apertamos a extremidade e o jorro sai mais longe. O corpo esponjoso termina como a ponta do pênis, denominada de glande, que mesmo cheia de sangue é macia como forma de facilitar a penetração sem causar desconforto na entrada da vagina.

Para a ereção ocorrer, para o sangue adentrar os corpos cavernosos e o corpo esponjoso, é necessário que exista relaxamento das artérias, e dos três cilindros que compõe o pênis. Quimicamente o relaxamento é produzido. Esta é a razão pela qual um homem ansioso, nervoso, tem dificuldades em obter ereção e mantê-la. Mesmo que o homem não reconheça que está ansioso, o pênis saberá e agirá contra a ereção. O relaxamento é muito mais demorado para ser obtido, razão pela qual de nada adianta tentar relaxar em poucos minutos para ter uma ereção ou retomá-la após tê-la perdido.

Importante compreender que a pressão arterial interna do pênis é igual estando o pênis em estado flácido, ou em estado rígido. Ao se relaxarem as estruturas internas dos corpos cavernosos o sangue adentra e mantém a pressão arterial constante, semelhante à do coração ou do braço.

O pênis geralmente aumenta de tamanho de modo bastante visível. Mas muitos homens tem o comprimento do pênis flácido praticamente do mesmo tamanho que o terá em rigidez. Isto implica que um pênis flácido muito pequeno aumentará muito mais proporcionalmente do que o que é grande em estado flácido.

- A ejaculação

O que mais chama a atenção nesta fase é o líquido que é expulso de dentro do corpo do homem pelo meato urinário, na ponta do pênis. O esperma é constituído de várias substâncias, em especial alguns açúcares que somam perto de 95% do volume, deixando apenas 5% para os espermatozoides. Os espermatozoides são produzidos a partir dos testículos, e amadurecem enquanto sobem empurrando um a outro para que estejam perto da próstata onde serão juntados ao líquido espermático. Este líquido é produzido pelas vesículas seminais ao redor da próstata e corresponde aos outros 95% do volume que será ejaculado.

Com a ereção peniana o orifício existente entre a próstata e a bexiga se fecha produzindo uma condição de que apenas pela uretra haverá a expulsão do esperma pelo meato urinário.

A ejaculação é um ato produzido por contrações musculares na base do pênis. O principal músculo responsável por estas contrações chama-se pubococcígeo, e é um músculo em forma de oito, que contorna a próstata e na outra alça, o ânus. É um músculo forte, e treinado desde os primeiros anos de vida para manter-se contraído. Esta função de contração facilita a ejaculação. Com a excitação crescente, o músculo que se encontra relaxado inicia contrações alternadas com relaxamentos, aumentando a velocidade destas fases, até quase uma contração por segundo, conduzindo a uma contração muito forte que expulsa o esperma.

A ejaculação ocorre com aumento de substâncias químicas que produzem as contrações musculares. Isto implica que a vivência emocional que ocorre com as contrações se assemelha a ansiedade, invertendo da necessidade física que se iniciou com relaxamento. Este momento produz uma descarga adrenérgica, que atua no corpo todo. Assim contrações de outros músculos, em especial pernas, quadris e até mesmo os braços e o rosto, acontecem, favorecendo a sensação forte que se espera que ocorra.

De modo aparentemente concomitante, o homem sente o orgasmo. A sensação de prazer atinge o auge neste momento. O orgasmo acontece no cérebro, e não nos genitais. Este conhecimento tem várias funções, e uma delas é permitir que o orgasmo possa ser sentido independentemente da ejaculação, e mesmo ocorrer sem esta parte física. Este compreensão permite que o homem possa, treinando-se, obter mais de um orgasmo por experiência sexual, o que não é comum. Nos tratamentos para ejaculação precoce, a cada 25 pacientes, um consegue desenvolver a capacidade de obter mais de um orgasmo em cada oportunidade, em cada ejaculação.

- A resolução

Fisicamente, após a descarga adrenégica que produz a ejaculação, todo o sistema vascular modifica-se e passa a funcionar de modo oposto, relaxando-se novamente, e novamente conduzindo mais sangue para a superfície do corpo, buscando reverter os efeitos das contrações e conduzindo ao estado de lassidão tão falado sobre os homens que querem dormir após o sexo.

Então ocorre a detumescência do pênis, que retorna ao estado flácido.

Neste momento existe a impossibilidade de retomar de imediato a ereção peniana. Alguns homens tem a experiência de até mesmo manter a rigidez da ereção para uma segunda ejaculação.

Mas isso não é o mais comum, e tende a ocorrer mais antes dos 20 anos e a desaparecer após essa idade.

Importante saber que uma segunda ereção precisa de um tempo para acontecer após a ejaculação. Esse tempo é diferente de homem para homem, e aumenta ao longo da idade. Se os homens precisam de alguns poucos minutos para obter uma segunda ereção aos 20 anos de idade, poderão precisar 30 minutos ou mais aos 40 anos e quem sabe, de modo normal, até 48 horas aos 70 anos de idade. Aprender a administrar o que ocorre fisiologicamente permitirá a liberdade de ter frequências coitais de 3 a 4 vezes por semana nos setenta anos de idade, equivalendo-se aos idos dos 20 anos.

- Para mais compreensões

Embora exista um funcionamento fisiológico esperado para todos os homens, é necessário compreender que mesmo assim existem indivíduos que funcionarão de modo diferente deste pressuposto.

Uma das razões que produzem diferenças são os mecanismos de condicionamento dos reflexos corporais e das razões individuais para que ocorra determinada expressão da sexualidade.

A parte designada pelo desejo é impressionantemente modelada pela cultura e pelo psiquismo, mudando e mesmo pervertendo o funcionamento sexual fisiológico esperado como normal.

Assim, mesmo que tenhamos regras biológicas para a resposta sexual masculina, muitas exceções acontecem e precisam ser compreendidas para além destes limites físicos previstos.

A interação interpessoal será outro fator relevante para compreender como o funcionamento fisiológico poderá ocorrer resultando nesta resposta sexual. A interação com o outro tem o poder de produzir ou refrear esta resposta física esperada.

Bibliografia

- Cunha, PRB (2005). **Disfunção Erétil e o Endotélio - Diagnóstico e Tratamento**. Guanabara Koogan : Rio de Janeiro.
- Glina, S; Puech-Leão, P; Reis. JMSM; Pagani, E (2002). **Disfunção sexual masculina**. São Paulo: Instituto H. Ellis.
- Instituto Paulista de Sexualidade (2011). **Aprimorando a Saúde Sexual – manual de técnicas de terapia sexual**. Summus Editora: São Paulo, 2ª edição. ISBN 8532307558. / 85-323-0755-8 / 9788532307552
- Rodrigues Jr., OM (2001). **Disfunção erétil – esclarecimentos sobre a impotência sexual**. São Paulo: Editora e Expressão e Arte, 2001. ISBN 8588423022
- Rodrigues Jr., OM (2010). **Ejaculação Precoce**. Iglu Editora: São Paulo, 2010. ISBN 9788574941165.
- Serrano Jr., CV; Coelho, OR (2004). Disfunção Erétil Como Marcador de Doença Cardiovacular. Segmento Farma: São Paulo.
- Sociedade Brasileira de Urologia - Disfunção erétil e Sexualidade - **II Consenso Brasileiro de Disfunção Erétil**. São Paulo: SBU – Sociedade Brasileira de Urologia / BG Cultural, abril de 2002; ISBN 85-87419-07-2.
- Teloken, C; Ros, CT; Tannhauser, M (2004). **Disfunção sexual**. Rio de Janeiro: Revinter.

OBS.: agradeço à coautoria neste capítulo da psic. Carla Zeglio, Diretora do Instituto Paulista de Sexualidade (www.inpasex.com.br); Coordenadora do CEPES – Curso de Especialização em Psicoterapia com Enfoque na Sexualidade do InPaSex.

A SATISFAÇÃO SEXUAL DA MULHER ADULTA

A satisfação sexual de mulheres adultas, embora seja considerada de importância no discurso das próprias mulheres e de suas parcerias sexuais e afetivas, pouco aparece no discurso científico e técnico na psicologia, e mais especificamente dos estudo da sexualidade no Brasil.

Os autores buscaram pesquisar as associações de mulheres sobre a cessação das necessidades sexuais, aqui denominada satisfação sexual. Um questionário, desenvolvido a partir de um estudo piloto, foi aplicado a 110 mulheres adultas de 25 a 40 anos com parceria sexual fixa na área metropolitana de São Paulo.

Embora os resultados apenas apontem formas cognitivas através das quais as mulheres podem se referir à satisfação sexual, os resultados obtidos são os que necessitam ser considerados para a interação primária sobre o assunto em níveis profissionais. O fato mais importante surgido foi a associação de orgasmo e satisfação sexual, atingindo 80% das pesquisadas. O sentir-se atraída sexualmente pelo parceiro apareceu em 74% das paulistanas. Os parceiros carinhosos são importantes para a satisfação sexual em 66% das mulheres e as carícias dos parceiros para 61%. As fantasias sexuais com o parceiro sexual ocorrem em 50% das mulheres. A satisfação sexual foi referida por 86% das mulheres pesquisadas, destas 15% não estariam satisfeitas sexualmente sempre. Devemos considerar que apenas as mulheres que responderam o questionário estão sendo consideradas (64%). Mesmo assim, surpreendentemente há um nível alto de satisfação sexual entre as mulheres adultas em São Paulo.

As mulheres esperam mais dos seus homens atualmente, a maioria das mulheres não se sente mais uma propriedade, buscam sua satisfação, seja com fantasias sexuais, carícias e não apenas o ato da penetração. A mulher leva um tempo maior para excitar-se, e para que isso possa ocorrer com as mesmas, esperam que seja por alguém que fundamentalmente as atraia sexualmente, que seja carinhoso e compreensivo, que as ame, não desejando mais serem vistas como meros objetos para a satisfação sexual masculina. Esperam que eles também possam ser o objeto do desejo delas e para isso acontecer pedem mais, exigem o orgasmo, afinal isso é uma vitória conquistada pela mulher dos tempos modernos Estão mais liberais com o tema sexualidade e sentem-se mais liberais na cama com seus homens. O ato da penetração por si só quer dizer muito pouco para a mulher adulta, é apenas um complemento de um ato de amor, que para elas é fundamental "o amor". Nessa pesquisa pode-se constatar que a mulher adulta na metrópole paulistana, para atingir a satisfação sexual plena, depende muito da satisfação como indivíduo, que para a mulher é fundamental o relacionamento e a preservação do namoro, da sedução e das carícias envolventes do parceiro.

A mulher precisa estar atraída pelo parceiro e sentir que o atrai. O sexo pelo sexo não parece ser a busca da maioria das mulheres. A satisfação sexual precisa estar cercada de carícias e de parceiros carinhosos. Mais de um décimo das pesquisadas conhecem o caminho pelo qual os parceiros deveriam buscar facilitar a satisfação sexual delas. Muitas mulheres não têm nem consciência do que necessitam para a própria satisfação sexual. Outras podem não conseguir expressar-se adequada e eficazmente aos seus parceiros, ou sequer para uma pesquisa sobre a satisfação sexual. A sexóloga argentina Maria Luiza Lerer afirma que a mulher pode negar a si mesma as necessidades e vontades e relutar em partilhar-se com seu parceiro. Apenas pouco mais de um quarto das mulheres afirmaram a preferência sexual igual à do discurso sexual masculino em nossa cultura. A penetração, tão fortalecida e valorizada pelo homem no contexto sexual é deixada de lado pela maioria das mulheres. Esta não é uma informação assimilada pelo homem, muito pelo contrário, as informações que os homens trocam entre si e recebem advindas através de revistas eróticas e filmes pornográficos (facilmente constatável pelo leitor) valorizam direta e explicitamente a penetração no ato sexual.

A maioria (80%) declarou que necessita do orgasmo na relação sexual (51% das mulheres cubanas têm orgasmos nas relações sexuais). A fantasia sexual para a mulher adulta é usada como forma de estimulação sexual e voltada para o próprio parceiro, o que deveria ser considerado pelos homens, para que não julgassem que o uso fantasias implicaria em possibilidade e motivação de traição sexual. Embora costumeiramente as mulheres serem consideradas mais para fantasias românticas do que o homem, nesta pesquisa estas buscas não foram referidas, talvez pela dificuldade em expressar a intimidade que é a própria fantasia. Para a mulher a sexualidade não começa na cama, tampouco termina, a sexualidade é o cotidiano com seu parceiro e tudo aquilo que ele possa demonstrar de afetividade.

Embora possamos contestar que o discurso das entrevistadas possa ser equivocado enquanto realidade objetiva devemos considerar os resultados e conclusões como representantes do social, não necessariamente do que vivem estas pessoas, mas do que elas desejam que seja considerado com parte integrante de suas identidades femininas nesta cultura. Estes parâmetros são os que devem ser utilizados para os profissionais que trabalham com esta população e sobre este assunto. As representações sociais apresentadas pelas pesquisadas constituem-se cognições que aquelas utilizam para se relacionar com a realidade concreta, fatos de importância para o se trabalhar com o ser humano.

Concluímos com a presente pesquisa que 86% das mulheres pesquisadas sentem-se satisfeitas sexualmente. Pesquisadores cubanos liderados por Molina apresentaram em 1994, uma pesquisa sobre satisfação sexual de mulheres cubanas, na qual estas se consideram satisfeitas apenas em 32%, aumentado para, se somarmos aquelas que se sentem mais ou menos satisfeitas, 65%, valores menores que o encontrado nesta pesquisa. A insatisfação sexual, porém existe num número de importância entre mulheres (14%), que merece atenção dos profissionais que trabalham com saúde mental.

A seguir frases escritas por pesquisadas nas folhas dos questionários entregues, citando necessidades não satisfeitas em resposta ao item "preciso de mais coisas do que recebo" da questão número 1:

-"Estar satisfeita sexualmente para mim é estar em sintonia plena com o parceiro."

-"Extrapolar a condição do ato em si. Não é simples descarga física, é o encontro pelo carinho pelo prazer, pela vontade de estar realmente com o outro. É dar e receber, é o sentir-se aceita como é. É maravilhoso!"

- "Satisfação sexual é quando duas pessoas sentem-se atraídas uma pela outra. Desta atração é obvio vem o desejo de tocarem-se, e possuírem-se, e quando a atração o desejo é recíproco, e é evidente que virá o orgasmo e assim a satisfação sexual."

-"Quando tudo o que sentimos e fazemos seja recíproco, pois isso faz com que tenhamos uma satisfação total. E tudo o que acontece em uma relação seja mútua para ambos saírem realizados na sua relação."

-"Me satisfaço sexualmente quando consigo estar inteira dentro de uma relação. Quando o meu corpo, meus sentidos estão todos juntos fazendo com que me sinta feliz e realizada. O orgasmo quando atingido torna tudo maravilhoso, mas para mim, não existe satisfação sexual sem o complemento emocional."

-"Sexo para mim é uma coisa normal, que devemos dispor sempre que sentirmos desejo de obter prazer sexual."

-"É o complemento de nossos espíritos, são as nossas fantasias sendo realizadas."

-"Vejo como algo necessário e inevitável, pois desejamos estar em sintonia com o parceiro que amamos."

-"E penso ser muito importante discutir com nosso parceiro sempre que for necessário o assunto sexualidade."

-"Bom eu entendo que satisfação sexual só é boa quando a compreensão, carinho e amor entre ambos. Então ambos se satisfazem."

-"Para atingir a satisfação sexual não basta apenas o ato da penetração, mas que o indivíduo esteja bem consigo mesmo, ou seja, física e psicologicamente. Deve-se contar também que numa relação é fundamental que haja amor e carinho."

-"É você ter atração por alguém que você gosta durante a relação sexual e atingir toda a sua plenitude, ou seja, chegar ao auge do orgasmo. Eu acredito que é mais ou menos isso."

Obs.: este capítulo baseou-se no estudo efetuado em coautoria de Sônia Helena Tlusty Furlanetto, de nosso grupo de estudos.

Identidades hetero, homo e demais identidades sexuais

Identidade é o conceito que implica em nos percebermos e sermos percebidos pelos que nos rodeiam com qualidades e características estáveis e pré-determinadas.

Do ponto de vista sexual, as identidades tem se multiplicado e dificultado a compreensão social das alternativas que se mostram desde o século XX.

As identidades sexuais que ouvimos falar através da mídia implicam em determinante prévio do objeto sexual que deverá satisfazer a necessidade e o desejo sexual.

Antes de se discutir o objeto que possa satisfazer a necessidade sexual, é necessário compreender como se construiu ao longo da história as identidades sociais às quais nos referimos como heterossexual e homossexual.

Embora comportamentos homossexuais sempre tenham existido, nem sempre teve nome que assim o determinasse. A palavra homossexual só passa à existência na segunda metade do século XIX quando era necessário defender-se o direito dos relacionamentos entre genitais iguais. Antes disso, mesmo quando existia a referencia à prática homossexual, esta prática ganhava nomes que eram tirados de outras circunstâncias, a exemplo de "sodomia", querendo dar a conotação de pecado designado pela bíblia. Com a palavra homossexual e homossexualidade havia a intenção de se impedir que, com a unificação dos Estados alemães, com a chamada Lei Prussiana, homens que tivessem relacionamentos genitais com outros homens não fossem colocados na ilegalidade. O movimento surtiu efeito, e a palavra homossexual passou a ser usada em todos os meios ilustrados. Mas nesse momento não se referia às mulheres... que só ganharam uma identidade, a de lésbica, no início do século XX quando mulheres britânicas exigiam o direito ao voto, e em passeata carregavam cartazes referindo que enquanto não pudessem votar não fariam sexo com os maridos... e por não quererem fazer sexo com estes homens... então, por conseguinte... queriam sexo com outras mulheres e ganharam o nome de lésbicas em referência à ilha de Lesbos onde recém haviam encontrado partes de poemas sobre o relacionamento entre mulheres...

Assim, a identidade socialmente reconhecida de pessoas que buscam relacionar-se sexual mente com outras de genital igual (mesmo sexo) somente aparece entre 100 e 150 anos no mundo ocidental.

Com os estudos populacionais sobre a expressão da sexualidade feitos, nos Estados Unidos, entre as décadas de 1930 e 40, houve o reconhecimento estatístico de que teríamos dois extremos das preferencias sexuais determinadas pelos genitais: num extremo o heterossexual, e no outro o homossexual.

Aqueles estudos foram bastante abrangentes e com milhares de homens e milhares de mulheres sendo entrevistados por até quatro horas cada um... minuciosos permitiram perceber que se poderia classificar mais cinco formas intermediárias que deveria ser compreendidas como expressões da bissexualidade.

Mais de seis décadas se passaram e a identidade social do bissexual não foi aceita, nem pelos heterossexuais, nem pelos homossexuais... mas a designação não foi feita pelas pessoas da rua, foi feita a partir de um estudo que depreendia que existiam estas cinco maneiras intermediárias de bissexualidade... apenas isso!

Na década de 1980 surge nova discussão sobre uma nova forma de expressão os desejos e satisfazê-los: assexualidade... quer dizer, não precisar expressar o desejo sexual com outra pessoa, nem hetero nem homo, nem bissexual...

Mas uma nova forma de expressão era confirmada: o relacionamento afetivo!

Então se depreendeu, aos poucos, que existem heteroafetivos, homoafetivos e biafetivos, mesmo sem contatos sexuais no relacionamento!

Claro que uma discussão paralela ocorreu: qual a razão disso? É biológico, é psicológico, é sociológico???

Mais do que isso, reapareceu uma discussão técnica: objetos também são destino de desejo sexual, independente das pessoas que os portem... não só objetos, mas também formas de se praticar o sexo...

Estamos em meio a produzir uma compreensão mais complexa das formas de expressões sexuais e de como o outro, o objeto gramatical da ação do desejo acontece!

Muita gente questiona se precisa ter experiências hetero ou homo para escolher.

Relacionamentos sexuais e afetivos... podem ser excludentes ou complementares...

A maior parte das pessoas em nossa cultura experimentará apenas ações heteroafetivas e heterossexuais.

Algumas experimentarão emoções homoafetivas, mas dirigir-se-ão a relacionamentos heterossexuais pela vida toda.

A maior parte das pessoas define os padrões de relacionamento afetivo e sexual durante a adolescência até perto dos 20 anos de idade.

Em nossa cultura, neste momento histórico, experimentações adolescentes produzem mais conflitos do que certezas.

Em culturas mais rígidas, mais pessoas se encaixam nos padrões, sem manutenção dos conflitos de identidade relacionada a expressão sexual.

Se uma criança seguir os padrões rígidos a sua volta, percentualmente as chances são de que desenvolva uma identidade heterossexual, heteroafetivas por toda a vida.

Conflitos individuais, pessoais, sempre existirão numa parcela pequena da população, e isto pode se envolver nos processos de se compreender, de se identificar com uma forma ou outra existente em uma cultura.

Isto não significa que as alternativas à heterossexualidade sejam causadas por conflitos.

Não existem razões para crer que existam mais ou menos homossexuais hoje do que há 100 anos.

O que existe é uma identidade social expressa que aparece aos outros!

E ainda não conseguiram aparecer os bissexuais... que já foram suplantados pelos transexuais e transgêneros no espaço midiático!

Mas o que é ser homosexual? Como se define este conceito?

Tecnicamente, homossexual é a pessoa, homem ou mulher que tem desejos e preferencias sexuais pelo genital igual. Homem que faz sexo com homem e mulher que faz sexo com mulher!

Mais simples que isso não há... mas existem as discussões sobre as outras formas que não ganharam reconhecimento social, ainda estão sem identidade social para se apresentarem enquanto tal!

Uma pessoa que tenha relacionamentos tanto com homens quanto com mulheres é classificável como bissexual.

A questão é a pessoa identificar-se nesta condição ou não!

A caracterização de bissexualidade existirá independentemente da pessoa considerar que seja bissexual.

Aqui existem conflitos para as pessoas que não conseguem dar-se esta qualidade bissexual.

"Ah, mas foi só uma vez..."

Isto independerá da quantidade de vezes... o ato é o considerável.

"Ah, mas eu não sinto afeto, amor, nem gosto..."

Aqui apenas existe a designação de o contato se apenas homossexual/heterossexual, e não homoafetivo/heteroafetivo.

Veja que estas designações são técnicas e podem não se coadunar com as auto identificações sociais existentes!

Outra preocupação é de sentir/perceber-se de uma forma e viver ou sentir que deve ou sentir-se forçado a viver sob determinadas regras sociais. Como conviver com o mundo e as regras externas e as percepções internas?

Os mecanismos de auto-identidade e de identidade social designados pela expressão e objeto sexuais produzem muitas instâncias sociais e muitas questões psicológicas.

Existem pessoas que estabelecem um relacionamento heterossexual pela vida toda e assim mantém-se estáveis, mesmo compreendendo-se homossexuais ou homoafetivos. Algumas pessoas, e estas são as que aparecem, buscam a solução do conflito pela expressão social da homossexualidade ("sair do armário").

Cada grupo de indivíduos tem formas específicas de como reagir e agir a condições externas. Alguns têm grande resiliência e conseguem conviver com uma expressão social hetero, mesmo com desejos homo... outros sofrerão e buscarão meios de mudar estas condições de expressão social, e aqui se encontram os militantes e os que "assumiram".

Isto significa que para alguns que não se expressam socialmente de acordo com estas necessidades auto percebidas haverá sofrimento, e para outros haverá equilíbrio... ambas alternativas existem e devem ser consideradas.

E o desejo de masturbar-se pensando em hetero ou homo?

Isto significa desejo heterossexual, mas não significa que a pessoa necessite de relacionamento heterossexual.

O mesmo vale para o relacionamento heteroafetivo... muitos homossexuais fantasias em ter família com filhos próprios... e podem tê-los...

O desejo diferencia-se da expressão do desejo.

Além disso, o desejo pelo autoerotismo diferencia-se do desejo pelo relacionamento com outra pessoa.

Algumas pessoas referem sentir nojo do sexo homossexual e outras do sexo heterossexual.

Todos precisam de uma forma de validarem as maneiras de satisfazermos nossas necessidades.

Vegetarianos buscam, diariamente, validar que a alimentação com vegetais é melhor e mais saudável... os onívoros já se denominam carnívoros para apresentar e validar os desejos que sentem...

Dizer que se sente nojo da forma diferente da que compreendemos ser a nossa é um mecanismo psicológico de defesa desta identidade pessoal.

Em todas as áreas de expressão humana usamos este mecanismo, o qual muitas vezes é chamado de preconceito...

A auto identificação não implica em ter tido vivências concretas.

E não é importante que alguém experimente cocaína para confirmar que não precisa desta substância para viver...

Viver implica em fazer escolhas diárias que excluem a maioria das alternativas que, na maior parte das vezes, nunca sabemos quais são...

Todas experimentações, em todas as áreas das expressões humanas influenciam no futuro destas expressões.

Do ponto de vista da aprendizagem, uma vez que tenhamos tido uma determinada experiência, sempre será possível repeti-la mais facilmente do que da primeira vez...

Se a experiência foi prazerosa, e compreendemos que merecemos prazer, buscaremos repetir a experiência...

Se compreendemos que a experiência está de acordo com o que pensamos sobre nós mesmos e o que compreendemos que os outros pensam (e se isso for importante para nós), buscaremos repetir a experiência mais vezes...

Através da compreensão que temos de nós mesmos, das outras pessoas e do futuro, estas experiências serão mais ou menos importantes!

Muitas pessoas, heterossexuais, homossexuais ou bissexuais sentem-se confusas sobre o que pensam e sentem.

Numa cultura em que a identidade bissexual ainda não foi assimilada, compreendida, o desejo ou o relacionamento com ambos os sexos trará confusão para os praticantes na medida em que esta pessoa precise da confirmação social mais do que a confirmação interna/subjetiva/psicológica.

Os bissexuais não são aceitos, geralmente, nem por heterossexuais, nem por homossexuais.

Homossexuais tendem a afirmar que estas são pessoas que "não saíram do armário", que ainda não sabem que são homossexuais, "estão em cima do muro".

Heterossexuais apontam que bissexuais são homossexuais que não assumiram... que bissexual não existe...

Assim temos um contexto social formado por pessoas que ainda não conseguem ponderar que existam estes desejos e ações que ficam entre os extremos socialmente confirmados.

Travestis, Transexuais e prostituição

Muita gente pensa que transexual e travestis são a mesma coisa. Vistos de fora até podem parecer, mas existe algo importante que os diferencia: a identificação intrínseca de gênero. Transexuais são homens que se compreendem pertencer ao gênero feminino. Travestis são homens que sabem ser homens que se apresentam como mulheres socialmente.

Em nossa cultura os travestis sempre foram vistos nas ruas e compreendidos como prostitutos que usam roupas femininas extravagantes e sensuais para atrair clientes sexuais em troco de pagamento para subsistirem.

Trabalho em nossa cultura pressupõe algumas condições.

O primeiro impasse para travestis e transexuais obterem um trabalho é a identidade oficial. Documentação que os impede de serem percebidos pelo que mostram visualmente. Este disparate é percebido como mentira pelo empregador, uma falsificação da realidade. O empregador não tem como saber se esta pessoa é o que diz ser. Os documentos de identidade funcionam como um mecanismo que avaliza as pessoas, podem ser consideradas pelo que mostram: o documento de identidade.

Outro ponto importante é como o empregado será compreendido, reconhecido, percebido pelos que utilizarão o serviço para o qual está sendo contratado. E este fator impede muitos empregadores de assimilarem transexuais. Os travestis, se forem diferenciados, são associados a prostituição, roubos e ilegalidade. Assim são percebidos de modo negativo que os impede de serem contratados.

O mecanismo de percepção é sempre pré-concebido. Trata-se de um mecanismo cognitivo que exige utilizar as percepções vividas no passado para compreender o presente e decidir por um futuro. Assim, tudo o que foi ouvido desde criança a respeito de travestis influenciará na tomada de decisões a respeito de travestis. E aqui se incluem transexuais e todas as formas transgênero. Na busca de facilitar a compreensão, o mecanismo cognitivo reduz as possibilidades a uma única: um homem que se veste de mulher, que quer se passar por mulher, sem o ser...

A dificuldade em se aceitar algo que é pressupostamente diferente do que se compreende é a realidade se encontra nessa base. Desde criança aprendemos que só existem homens e mulheres que são, machos e fêmeas e que devem desejar, respectivamente mulheres e homens.

Ao aprendermos assim, na infância, podemos nos identificar e nos desenvolver enquanto possíveis adultos. Assim passamos de 15 a 20 anos reforçando estas ideias iniciais para confirmar o que somos. Apenas podemos escolher uma de duas alternativas, mas que de verdade tem variações inúmeras que não são socialmente compreendidas ou assumidas como reais. Desta maneira não podemos admitir que exista uma pessoa que destoa do esforço que fizemos para produzir as identidades sociais que apresentamos a cada dia de modo igual.

A elaboração da existência de identidades sexuais além dos binômios homem-mulher, macho-fêmea, e da interação única heterossexual, exigem muito esforço cognitivo, emocional e comportamental. A maior parte das pessoas preferirá usar esta energia para outras finalidades, inclusive produtivas economicamente. Esta elaboração é exigente e não pressuposta nas vidas das pessoas. Mesmo as famílias que vivem com uma pessoa transexual e precisariam adaptar-se, mostrarão grande dificuldade em compreender, elaborar e mudar suas perspectivas cotidianas e adaptar-se a esta identidade não prevista pela família. Outras pessoas tem menos necessidades de se adaptar, embora também tenham um afastamento afetivo que permita gastar menos energia para modificar suas formas de compreender a realidade.

Muitos transexuais percebem na prostituição como o único meio de obter subsistência num mundo que não os absorve profissionalmente, nem facilitou meios de que desenvolvessem qualidades de trabalho. Em algum momento cada transexual reconhece que alguém se lhes aproxima fisicamente e socialmente com interesses libidinosos, exatamente por serem o que são: intermediários no gênero e no papel social. Este caminho conduz a formas de trocas de favores por dinheiro com facilidades.

Uma vez iniciada a vida da prostituição, sem alternativas de trabalho oficializados em nossa sociedade, estas pessoas ficarão na prostituição...

Mais transexuais do que travestis lograrão obter relacionamentos afetivos-sexuais que permita deixarem a prostituição. O transexual assume a identidade de gênero oposta, permitindo aceitação social e convívio para o parceiro que o/a assuma.

Os transexuais que se dedicaram à prostituição sofriam por perceberem que os clientes os buscavam por serem 'eles' e não elas. Este sofrimento é o pior, o mais difícil de administrar. Um travesti tem esta situação de modo congruente.

A prostituição será abandonada se outra forma que os reconheça na identidade de gênero à qual compreendem que pertencem, mesmo que isto signifique rebaixamento de facilidades sociais financeiras.

Nossa cultura ainda tem muito a caminhar para facilitar que as expressões alternativas de gênero, que se ligam à percepção de sexo, sejam absorvidas e tornadas úteis. As formas que são minoritárias têm sido desconsideradas na esperança de que deixem de existir, mas isto não ocorre...

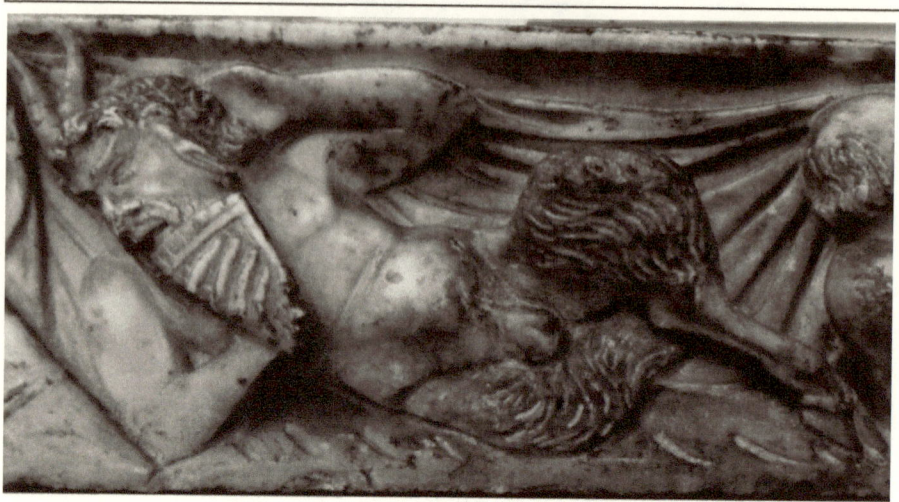

Transgenitalização – o papel do psicólogo

Existem pessoas que nascem com uma dificuldade que até há poucas décadas não era considerado: compreender-se pertencente a um sexo e ter o corpo do outro sexo. A esta condição se chama de transexualidade, ou transgeneridade.

Uma das partes do tratamento que precisa ser efetuado nestas pessoas são as cirurgias que se chamam de transgenitalização.

A mudança de sexo, ou transgenitalização depende de compreendermos uma condição que implica numa identidade de gênero discordante com a anatomia com a qual a pessoa nasceu. Um diagnóstico implica que não se trata apenas de uma motivação da pessoa, seja qual seja esta motivação.

Apenas devem e podem fazer estas modificações físicas as pessoas que não tenham intercorrências psiquiátricas e que realmente sejam beneficiadas pelas cirurgias, além de serem apenas as pessoas que já desenvolveram as etapas psicossociais que comprovam o diagnóstico e fazem com que a pessoa já esteja emocional e socialmente adaptada para a nova identidade social que viverá.

Estas pessoas terão muitas dificuldades no mundo social. Não se trata exatamente de um preconceito da sociedade, igual às outras situações onde apontamos preconceitos...

Mas as dificuldades são enormes e precisam ser enfrentadas dentro de uma adaptação e adequação.

Uma pessoa que tenha nascido homem, designado homem por um nome e criado pelos pais enquanto homem, recebe a expectativa dos pais, da família e socialmente de todos para que ele cumpra o papel a ele designado. Quando este homem percebe-se pertencente ao gênero feminino, está contrariando todas as expectativas que o mundo tem e que são baseadas em evidências físicas.

Os pais, a família e o mundo social que vive ao redor deste homem não tem como compreender o que ocorre.

Esta tem sido a razão de determinarmos uma qualificação de enfermidade para que possa ser tratada, promovendo uma correção física para que venha a ocorrer um equilíbrio.

Esta condição transexual é de recente reconhecimento e ainda não é compreendida pela maioria população. Isto gera muito desconforto quando alguém tenta ser algo diferente do que o mundo sabe que aquela pessoa é.

Quanto mais tempo se passa na vida desta pessoa, mais o mundo não compreenderá o que ocorre. Mais dificuldades com a família e o mundo haverá para que essa pessoa enfrente e, consequentemente, sofra.

Enfrentar e superar cada dos problemas que preexistem e que ainda ocorrerão no decorrer das mudanças exigidas para desenvolver a nova coerência sempre trará novas frustrações e dificuldades a serem enfrentadas.

A pessoa precisa desenvolver novas formas de enfrentamento social e emocional.

O primeiro passo na transformação de identidade social diz respeito a compreendermos as características desta pessoa, efetuarmos um diagnóstico psicológico e outro psiquiátrico. Não existindo problemas psiquiátricos, o trabalho psicoterápico será de adequação social para a nova identidade. Semanalmente, por muitos meses, auxiliaremos a pessoa a se adaptar à identidade desejada, que nem sempre é percebida em termos reais e precisa de orientações. A visão externa do psicoterapeuta pode corrigir rumos e dar certezas para a pessoa. O desenvolvimento de comportamentos e atitudes coerentes com o buscado convive com as sessões psicoterápicas semanais. Auxiliar a desenvolver novas habilidades sociais (provavelmente inexistentes e as que sejam necessárias com a nova identidade) e preparar-se para possíveis relacionamentos afetivo-sexuais (que será maior foco após as cirurgias). Cuidar para que não se desenvolvam qualidades negativas e psicopatológicas, será outra vertente do atendimento psicológico.

Todo o trajeto haverá a necessidade de auxiliar estas pessoas a administrarem as ansiedades e frustrações preexistentes e que ocorram durante o trajeto.

Este acompanhamento pode demorar-se por dois anos, mas deve prolongar-se após as cirurgias, inclusive prevendo retoques cirúrgicos que produzem novas frustrações e dificuldades emocionais a serem vencidas.

O procedimento profissional que fará o psicólogo dará condições ao cirurgião de ser efetivo no que se propõe. Mas sempre existirão cirurgiões que acederão fazer uma cirurgia sem que a pessoa esteja adequada a enfrentar a cirurgia e as mudanças radicais que ocorrerão. A questão é que estes cirurgiões não conseguem dar a atenção necessária para as transformações e do ponto de vista da paciente, eles serão responsáveis pelo sofrimento não previsto por elas... e passam a compor uma "lista negra" de cirurgiões de transgenitalização que roda pela internet.

O cirurgião deveria exigir que houvesse o acompanhamento anterior e o compromisso da paciente em seguir sob atendimentos psicológicos após a cirurgia.

Isto em paralelo a avaliação psiquiátrica, e tratamentos e cuidados de endocrinologista e fonoaudiólogo.

No Brasil devemos ter perto de 50 mil pessoas que poderiam ser diagnosticadas na condição transexual.

Estarem preparadas para a cirurgia... pouquíssimas... e necessitariam de atenções psicológicas para que se preparassem para a cirurgia.

Existem aspectos psicológicos que exigem desenvolvimentos para os enfrentamentos que ocorrerão. Mesmo com cuidados e atenções existirão pacientes que sofrerão muito no pós-cirúrgico, reclamarão muito de dores e mal-estares, deprimirão... e ninguém merece estes sofrimentos.

Infelizmente, devido a compreensões inadequadas, pessoas que se compreendem na classe dos que devem ser submetidos a cirurgias telefonam sempre à busca de um "laudo" que lhes permita submeter-se às cirurgias... Não querem passar pela psicoterapia, e se propõe a pagar pelo "laudo"... nós não fazemos isso. Só podemos assinar pelo que fazemos e no que cientificamente acreditamos, seguindo protocolos que nos assistem a cumprir finalidades de saúde mental e social.

Quem se localiza nesta condição, precisa desenvolver muitos aspectos para que aprenda a administrar a nova realidade que existirá. Seguir o tratamento psicológico ajudará a vencer possíveis problemas, sejam preexistentes, ou que venham a ocorrer ou se desenvolver ao longo das mudanças.

Algumas questões sobre as diferenças de preferências entre parceiros sexuais

Pessoas diferentes são sempre diferentes em algo...

Esta é uma condição que muito tenho ouvido no consultório e auxiliado a superar para que os maus sentimentos não se interponham nos relacionamentos sexuais. Vamos olhar para algumas destas formas.

A circunstância de inadequação sexual do casal que mais aparece nas discussões de casais é a questão da frequência semanal/mensal das atividades, que a princípio parece ser apenas coital.

Quando um casal constrói, através de conversação direcionada sobre o sexo, as práticas, as formas e expressões da sexualidade, ao longo de alguns meses desenvolverão qualidades diferenciadas de sexo que superará a discussão da quantidade de vezes, mesmo porque a quantidade deverá ser maior do que era antes de um processo de modificação desses.

Qualidade é uma questão complicada quando comparamos a discussão de quantidade. Quantidade é "fácil" de discutir: 1, 2 ou 3 vezes por semana, conta-se nos dedos.

E qualidade, o que significa? É algo objetivo? Visível por fora?

Ou qualidade é uma questão que existe em discussão internamente, é subjetivo e duas pessoas compreendem qualidade de modo diferente?

Qualidade é o que eu gosto, diferente do que o outro gosta?

Nos casais, no momento atual, qualidade é o que a mulher define como sendo sexualmente satisfatório.

Se um homem se satisfaz sexualmente tendo sexo uma ou duas vezes por dia e cada vez possa durar, no total, 3 ou 4 minutos, desde o primeiro toque nas nádegas dela, tudo o que for diferente não tem qualidade para ele...

Qual das duas opiniões é a mais verdadeira?

Nenhuma...

Num casal, a construção de uma nova realidade é o caminho para discernir a discussão de qualidade x quantidade...

O corpo de uma pessoa precisa aprender a denominar uma determinada forma de ser tocado como prazerosa.

Dependendo de como o aprendizado ocorre, a preferencia será por carícias físicas, táteis, mais suaves ou mais vigorosas. Assim é como cada um de nós desenvolve estas preferências por toques táteis. Isto também explica a diferença entre homens e mulheres. Homens aprende a tocar-se com força e vigor (aliás, o termo quase sempre se refere ao masculino...) e as mulheres são sempre tratadas, desde que nascem, com suavidade... e passam a preferir ser tocadas de modo suave...

Adultos precisariam ser reeducados para tocar e serem tocados, mas nem sempre é assim, pois cada qual considera que o que sabe sentir é natural, biologicamente definido, portanto impossível de ser mudado.

O sexo coital antes de dormir ou ao acordar é uma discussão que também depende de se considerar a propensão das crenças individuais sobre o que é certo.

Poucos casais deram-se a oportunidade de experimentar as possibilidades e então comparar qual momento do dia é melhor.

Existe uma crença que se desenvolveu ao longo dos séculos, de que "de noite" é o melhor momento para o sexo. A questão é que a noite inicia-se com o por do sol... e para muitos casais a hora de dormir passa da meia noite, após longas 16 ou 18 horas de atividades, trabalho e afazeres, desconsiderando o cansaço físico e emocional.

Quando um casal está cansado com o trabalho, tenso com preocupações, as preliminares longas são as que facilitarão o corpo a se organizar para o sexo. Claro que não nos referimos ao cansaço que impede o mínimo de atividade física... Nas ocasiões de cansaço físico os corpos tendem a buscar os momentos finais o mais rápido possível para poder descansar depois...

Quando o casal está eroticamente envolvido já há horas, pensando, fantasiando, vivenciando, em sintonia e demonstrando a disposição para a atividade sexual, o sexo rápido indo direto para o coito, deverá ser satisfatório e prazeroso a ambos. O que precisamos compreender é que nestas ocasiões o sexo já começou muito tempo antes, por isso dá certo ser rápido e ir direto ao ponto!

A possibilidade de usar fantasias, permitir o espaço mental produzir e lidar com alternativas e variações sobre a expressão sexual, depende das qualidades psicológicas de cada individuo. Existem pessoas que não consideram que a fantasia pode ou deve ser usada, e estes padrões de moral e crenças conduzem o comportamento eliminando a possibilidade de ocorrer. Para estas pessoas, produtos mentais fantasiosos causará mal estar e conflitos se ocorrerem. Portanto terão a preferencia pelo sexo que chamarão de convencional.

Sexo convencional sempre será aquele que desenvolvemos entre os 15 e 20 anos de idade, produzindo um padrão que usaremos por toda a vida. Os padrões desenvolvidos na adolescência recebem grande influência da ideologia que o grupo cultural ao redor advoga. O que é considerado mais correto e certo promove as diretrizes para o aprendizado dos padrões sexuais, que são geralmente coitais e direcionados para a reprodução no mundo ocidental, mesmo que as últimas décadas tenham lutado contra esta ideologia.

Muitas pessoas que não teriam moralmente nada contra o uso de fantasias sexuais não sabem desenvolvê-las, ou já estão envolvidas em conjunturas sociais que não lhes permite desenvolver estas qualidades.

Quando um casal tem padrões diferentes, será mais provável que tentem fantasiar num determinado período do relacionamento, mas tenderão ao convencional para manter o mesmo relacionamento, e já com a nova percepção de que as fantasias não são úteis, mesmo tendo trazido prazeres que ambos reconhecem.

A mudança de ambientes para o sexo segue os mesmo padrões psicológicos que se referem às fantasias sexuais.

Um fator positivo para o envolvimento erótico fora do ambiente do quarto do casal é que ao iniciarem o contato erótico podem sentir e compreender que a penetração deverá ocorrer somente no quarto, postergando esta penetração enquanto estão no outro ambiente e podendo aproveitar a ampliação do envolvimento erótico com o prazer que sentem.

O uso de palavreados de significados sexuais não será excitante para muitas pessoas, mesmo na situação sexual. Somente será útil o uso de palavras e frases de conteúdo sexual explicito quando as pessoas envolvida consideram este esquema parte do envolvimento sexual.

Tentar sempre pode ser um caminho, mas descontinuar se a outra pessoa apontar que sente esta expressão ofensiva é muito importante!

O uso de linguagem infantilizada tem sido muito associada a momentos de intimidade. Porém este linguajar não permite que o contato sexual tenha qualidades adultas, desfavorecendo o contexto erótico em si. Além do que, palavras mais "fofas" são, no mundo público, associadas a crianças... e isto não é uma boa associação sexual, não é verdade?

Todo e qualquer casal precisa construir através da expressão verbal das preferências o que o casal considerará próprio do casal, sem que isto implique em primeiramente favorecer a opinião de um ou de outro. Cada um é responsável em administrar as ansiedades e as frustrações que surjam neste debate constante por poderem auferir os prazeres que virão desta adequação sexual que favorecerá várias das preferências.

Poder afrodisíaco

Historicamente o poder sobre as outras pessoas sempre permitiu que o poderoso satisfizesse mais necessidades de modo mais fácil do que os outros. A satisfação sexual de poderosos pode ser encontrada em todas as culturas, às vezes de modo institucionalizado, como foi no Império Romano e na Idade Média, na Europa com o "jus primae nocti", a lei da primeira noite, permitia ao rei, príncipe ou dono das terras a primeira relação sexual com a noiva num casamento dentro das terras de sua propriedade.

A cultura ocidental está permeada de exemplos onde o que tem o poder pode abusar sexualmente do outro. A iniciação sexual do adolescente de classes altas com a empregada... o "teste do sofá" para atrizes...

O poderoso político norte-americano Henry Kissinger teria usado a expressão "Power is the ultimate aphrodisiac", o poder é o maior afrodisíaco (*The New York Times,* 28 de outubro de 1973). Aparentemente este político poderoso tinha preferências sexuais mais extremadas do que o restante da população... e não se importou de ser conhecido por esta frase! E ele não foi o único poderoso das últimas décadas a aparecer em situações de imposição sexual com o poder que tinham...

Mas estamos numa época de busca de mudanças sociais e de conceitos e valores morais, regras de condutas sexuais.

Pessoas em situações sociais de poder impõem-se a outras que não desejam o contato sexual passou a ser ilegal e imoral. Assim temos o assédio sexual institucionalizado.

Mas será que a situação de imposição de poder para obter prazer sexual deixa de existir? Deixará de existir?

De onde vem esta necessidade de impor-se poder para ter o prazer sexual?

São dois aspectos que precisam ser observados:
- o bem estar advindo do exercício do poder;
- características psicológicas que podem ser exercidas sob o poder e direcionando-se a comportamentos sexuais;

O primeiro é mais comum. O bem estar é compreendido como parte integrante associado à saúde sexual. Quanto maior o bem estar, mais facilmente o sexo é expresso de modo coerente. Sem o bem estar geral (físico/biológico, mental/emocional, e social/ambiental) a expressão sexual é comprometida conduzindo a problemas sexuais. Em situações de poder mais benefícios secundários se obtém e assim mais bem estar, e isto facilita e conduz a melhores expressões sexuais. Combina com sexo! Os sucessos que cada um de nós tem em nossas vidas e atividades é semelhante ao poder e sempre nos conduz a melhorias sexuais!

O segundo aspecto é mais complicado. Algumas características de personalidade se associam a determinadas formas de liderança, de poder. Pessoas mais centralizadoras, mas autoritárias são mais determinadas por características de personalidade que se extremadas são muito negativas, pois tendem a se impor aos outros, passar por cima das necessidades alheias. Quando isto ocorre consensualmente não existem problemas e se associam a saúde sexual. O problema surge quando a imposição ocorre sem consentimento e se caracterize em abuso e violência sexuais. Na primeira situação podemos ter relacionamentos sadomasoquistas, na segunda é apenas violência e imposição com abuso de poder.

Estas características psicopatológicas não são auto reconhecidas, nem o foram antes, e quem sabe não serão durante o exercício do poder pela pessoa que produza o abuso sexual. Os excessos ocorrem em determinadas condições, e provavelmente se devem a estresses e ansiedades criadas e associadas ao exercício do poder e a busca da atividade sexual como forma de diminuir as ansiedades e mal-estares.

Ainda precisamos que as pessoas que atinjam posições de poder compreendam que precisam se conhecer e a suas características que sob pressão se exacerbarão, desencadeando comportamentos e situações que devem atrapalhar o próprio exercício do mesmo poder que será útil aos outros.

Infelizmente o que denominamos de autoconhecimento ainda é visto por muitos como inútil ou desnecessário... e os métodos da psicologia e da psicoterapia ainda são confundidos como algo que só serve para pessoas incapazes. Quando puderem perceber a utilidade destes métodos científicos, serão estas pessoas poderosas mais úteis para si e para os que as circundam.

Erotismo: uma visão

O termo erotismo foi criado referindo-se ao que é de Eros, o deus do amor e do sexo numa das vertentes da teologia da Grécia antiga.

Assim, há milênios, na espécie humana, este aspecto é reconhecido e compreendido sendo de importância para o relacionamento entre as pessoas.

O erotismo é uma condição que tem variações de significado de acordo com o momento histórico, o país em que ocorre, o grupo étnico, a sociedade, e subgrupos sociais, além de poder ser muito distinta em pessoas diferentes.

O erótico é o nome que se dá ao conjunto de emoções que produz a atração afetivo-sexual entre as pessoas.

Como o termo surgiu?

Ao compreender que características distintas produziam maior aproximação de uma outra pessoa, e que eram diferentes para cada pessoa, um termo precisou ser criado para que as diferentes pessoas pudessem compreender, como se fosse a mesma coisa que um sente. A criação de deuses que tinham a função de produzir a aproximação entre pessoas nos povos gregos demonstra que era uma necessidade humana e que precisava de uma concepção que tornasse natural esta atração, explica-la.

O erótico pode estar presente em pequenas ações?

O erotismo pode conter ações e atitudes que variam do que é sensual até a algo que seja explicitamente sexual.

Para algumas pessoas, determinados gestos com as mãos serão altamente eróticos.

Para outras pessoas, determinadas palavras faladas ou ditas de determinadas formas será erótico.

As fantasias sexuais podem ser consideradas um tipo de ação erótica?

Tudo o que se passa no espaço mental e que ainda não foi externado, colocado em prática, deve ser considerado como fantasia sexual e são produtos eróticos.

É uma maneira de inovar nos relacionamentos mais duradouros?

O erotismo é um meio de manter os relacionamentos com qualidades sexuais.

Um casal que atenta para as qualidades eróticas permanecerá produzindo um relacionamento sexual, pois o erotismo é o condutor do contato afetivo-sexual do casal ao longo de toda a vida.

Algumas pessoas temerão admitir que exista erotismo em suas vidas, seja por conceito religioso ou regras morais pessoais. Em verdade, o que as mantém num relacionamento afetivo e sexual sempre será conceituado como erótico.

Qual a importância do erotismo para as relações?

Sendo o erotismo composto de emoções, e o relacionamento entre as pessoas composto de emoções, para a diferenciação do casal de outras formas de relacionamento entre as pessoas, o erotismo passa a ser o fio condutor da experiência do casal. Para ser um casal o erotismo existe, liga, mantém e produz a manutenção do casal.

Afinal, o que é a pornografia?

A pornografia tem dois grupos grandes que se preocupam com o tema: os que gostam e os que detestam/temem.

Há mais de um século que se usa a frase: pornografia é o erotismo do outro.

Psicologicamente a pornografia é um elemento que se associa a sexo e estimulação sexual e que transgride as regras sociais para além do que se denomina erótico, que também promove estimulação sexual. O conceito é social, assimilado subjetivamente e que é buscado com finalidades de acrescentar excitação sexual é tão antigo quanto a humanidade.

A ideia da pornografia é o que produz excitação no indivíduo, mas não necessariamente nas outras pessoas à volta dele.

Etimologicamente pornografia implica em escritos de e sobre prostitutas, como querendo dizer que não se refere a reprodução, mas a sexo e prazer.

O que é pornográfico não precisa conduzir à reprodução e implica em produzir excitação sexual, incluindo genital.

A excitação sexual pornográfica pode incluir ideias, imagens, sons, cheiros, sensações físicas...

Pode ser algo simples, mas pode ser algo muito diferenciado e extremado usado por poucas pessoas.

A busca de estímulos sexuais que não conduz ao encontro genital sempre ocorreu na espécie humana, mas o tipo de acesso a pornografia que é possível com o uso da internet facilitou o reconhecimento do desviar a atenção do relacionamento sexual a dois ao vivo.

Muitas pessoas, e são mais homens que mulheres, produzem um condicionamento de comportamento que produz a excitação sexual apenas sob determinados estímulos que a pessoa acessa pela internet. Provavelmente cada pessoa busca e dedica-se apenas a determinado tipo de estímulo, forma e objeto sexual. O prazer obtido é crescente e muito fácil, produzindo o abandono de outras possíveis atividades sexuais que soem mais complexas e difíceis do que acessar, solitariamente a internet e encontrar rapidamente o contexto sob o qual se excita sexualmente.

Isto não atinge todas as pessoas, nem nunca atingirá. São determinados tipos de personalidades as mais atingidas e ocorrerá em contextos mais específicos do que outros.

O acesso à pornografia é definido pela pessoa que a acessa. Não basta haver a facilidade de acessar.

Metade das pessoas preferirá o que muitos chamam de filmes sensuais, mas não explícitos e que são exibidos em canais de televisão em qualquer TV a cabo. Para estas pessoas, mesmo que definam-se diferentes daqueles que prefiram a chamada pornografia, usam estes estímulos da mesma maneira que os que preferem pornografia.

A diferença será sempre o grau e o tipo do que produz excitação sexual.

Se um casal souber usar os estímulos para a melhoria do relacionamento afetivo, este uso será positivo e nem será pensado como pornográfico!

A pornografia implica em variações sexuais, o que implica em liberdade sexual.

O uso da pornografia de modo livre apenas confirma a liberdade de escolha sexual.

Como não nos referimos ao sexo reprodutivo, a pornografia é a demonstração da realidade da variação e das alternativas sexuais.

Psicologicamente, a pornografia pode ser usada pela pessoa de modo neurótico, ou seja, contra os próprios objetivos, desviando a pessoa de atitudes produtivas.

Todas as atividades que são consideradas boas também podem ser usadas de modo neurótico e produzir mal estar, até mesmo a religiosidade ou o chocolate...

Diferente de muitas formas que permitem o acesso ao prazer, a pornografia conduz a um dos prazeres mais fortes e mais fáceis: o sexual. A vivência deste prazer facilita e renova a busca constante e repetida, e produz menos males do que outras formas de dependência, a exemplo do álcool, cigarro, maconha, cocaína...

Uma pessoa aprende a excitar-se sexualmente de modos muito variados.

Algumas aprendem a excitar-se com afagos e jantares, outras aprendem a obter a excitação sexual através de contatos genitais direcionados.

As pessoas que não aprenderam a excitar-se sexualmente com o que se denomina pornografia sente repulsa destas formas pois elas não as excitam.

Pornografia, qualquer que seja ela, produz excitação sexual.

Para algumas pessoas, o que se chama de amor é o ópio sexual... tem o mesmo significado e função da pornografia para conduzir à excitação sexual. Para a pessoa que escolhe algo que seja denominável de pornografia, para ela é amor!

Muitas pessoas encontram nos estímulos chamados pornográficos o meio de manter relacionamentos afetivos prolongados e profundos.

Será necessário que ambos envolvidos tenham as mesmas preferências ou sejam elas complementares.

Na cultura ocidental, homens e mulheres são ensinados de modos diferentes e nem sempre coordenados para ambos, num casal, poderem auferir excitação sexual e prazer a partir das formas chamadas pornográficas.

Um casal precisa compreender os limites e as diferentes formas de estímulos que produzem a excitação e o prazer sexuais para poderem usar de modo eficiente e adequado sem precisar denominar de pornografia de modo que fiquem afastados sexualmente.

Até filmes pornográficos para mulheres são pornográficos.

A produção de filmes eróticos que atraem as mulheres tem existido há mais de duas décadas e são diferentes dos filmes que atraem diretamente aos homens.

Para as pessoas que preferem estímulos que sejam mais genitalizados, a realidade sexual é genitalizada. Para as pessoas que excitam-se sexualmente através de formas que não sejam genitais, a realidade sexual não é genital, razão da preferência por argumentos extra-genitais.

Casais precisam adaptar-se melhor à realidade de cada casal no que tange aos estímulos sexuais. A adaptação à realidade pode implicar em um dos dois desenvolver-se nas formas de estímulos sexuais que sirva ao outro, mas também pode significar que ambos se mobilizem numa posição intermediária, mais real do que permanecer nos extremos que os afastem.

A realidade de um pode estar afastando o outro que tem uma realidade diferente.

A pornografia é uma realidade diferente do romantismo.

Qual a certa? A que permitir o relacionamento sexual no casal...

O erótico, mesmo que seja chamado de pornográfico por outras pessoas, deverá auxiliar um casal a manter-se erotizado ao longo dos anos.

Se o interesse de uma mulher for ser atraente a homens, a forma de ser atraente deve ser aquela que interessa diretamente a um determinado homem. Aqui se revela a diferença para um casal!

Se o interesse de um casal é o de manter-se juntos, devem buscar entender como desenvolver uma forma intermediária que atraia sexualmente a ambos, e que provavelmente não estará nos extremos, nem no romantismo, nem nas formas extremadas de preferências sexuais.

Se não lesa ao indivíduo, não lesa ao outro do casal, não é ilegal, está de acordo com a moral do grupo ao qual pertence... não será errado, chamemos de amor ou de pornografia.

Quando a mulher quer sexo: como o homem responde?

A expressão do desejo sexual da mulher é importante para o relacionamento afetivo conjugal. Se uma mulher não se expressa quando tem ou deixa de ter desejo ela diminui a efetividade de comunicação do casal. Um aspecto importante a ser considerado na expressão do desejo sexual feminino é que ele faz parte do processo de erotização do homem, aumentando a ligação entre homem e mulher no sentido sexual.

Em nossa cultura as mulheres são ensinadas a não mostrar quando tem desejo sexual e não mostrar a quantidade de desejo que lhe é sentido. Ainda, em nossa cultura, as mulheres mesmas se referem por adjetivos negativos quando expressam desejo de modo deliberadamente sexual.

A identidade de gênero feminina e o papel social de ser mulher são carregados de elementos que determinam como a mulher deve ser e se portar, limitando a expressão do desejo sexual para as mulheres. Isto implica em mulheres que consideram ser negativa a expressão do desejo, que elas não deveriam fazer isso e muitas reafirma, e mesmo verbalizadamente, que o papel de expressar desejo é do homem, fazendo-os menos homens se não tomarem as iniciativas... convenções sociais assimiladas pelos indivíduos.

Claro que existem casais onde a mulher toma iniciativa e contribui com a frequência coital do casal!

Quando nos referimos a desejo sexual, dar a entender sempre cria malestares! O caminho de achar que mostrou, mas não foi explícita é sempre doloroso para ambos.

Ser expressa, verbalizar de modo assertivo, sem hostilizar é o melhor meio e o mais eficaz, pois de modo afirmativo não demonstra qualidades negativas nem responsabilidades do outro.

Ir direto ao assunto faz parte do comportamento assertivo. O comportamento assertivo apresenta a forma melhor da necessidade de uma pessoa de modo a ser ouvida e compreendida pela outra pessoa.

O comportamento assertivo sempre considera a necessidade conjugada e as limitações da outra pessoa.

O desejo sexual de uma pessoa sempre será limitado e prejudicado por uma série de eventos externos e internos. O desejo sexual existe sempre, mas é impedido de aparecer o tempo todo. Assim se construiu a civilização e a realidade humana externa. Coexistir com estas questões é ser humano!

Compreender que o outro pode não querer a mesma coisa na mesma hora é uma habilidade que nem todas as pessoas desenvolveram e muitas nunca desenvolverão, seja por incapacidade, seja por considerarem-se acima dos outros, delegando aos outros a função de satisfazerem as necessidades que demandam.

Aprender a lidar com a frustração da outra pessoa não querer o que neste momento desejamos é uma demonstração de maturidade e adequação.

Expressar diretamente o desejo e ouvir do homem que naquele momento não é viável, ele não quer, ele não pode, ou qualquer explicação que seja, exige a habilidade de administrar a frustação a ser sentida e guardar o desejo para um momento mais propício.

O homem pode não estar disponível naquele momento, as a demonstração do desejo por parte da mulher provavelmente fará parte do desejo dele nas horas e dias subsequentes. Portanto, expressar sempre será benéfico.

Uma comunicação fluida, constante, assertiva, direta, afetiva e efetiva é necessária para que o casal encontre como viver uma situação sexual conjugando os momentos de desejo de ambos. E não só de momentos de desejo, mas também de quantidades de desejo e formas de desejo sexuais!

Os homens são treinados para ter o controle e nem sempre saberão o que fazer se a mulher tentar controlar a situação sexual por iniciativa própria. Portanto, conversar antes é algo que permite o homem preparar-se e não ser tomado de surpresa, o que provavelmente estragaria o desempenho sexual deste homem.

A interação de um determinado casal determinará se a mulher pode tomar iniciativas sem prejuízos para ambos. Como saber disso? Perguntando, questionando, verificando se podem ter este comportamento e se podem experimentar se este formato funciona para este casal!

Assim, combinados podem chegar a conclusões de poderem usar esta ou aquela forma de expressão do desejo sexual.

Sexo se faz a dois!

Então ambos devem saber do que se trata e terem confirmados os direitos de querer fazer ou não!

Sexo a três

O sexo a três é uma prática que existe há muitos milênios, e o valor moral sobre esta prática tem variado de acordo com leis civis, padrões sociais morais e valores religiosos ao longo dos séculos.

É uma variação dos comportamentos sexuais e precisa ser compreendido muito bem antes de, impulsivamente, tomar uma decisão de colocar em prática esta atividade sexual.

A ideia de sexo a três povoa a fantasia de boa parte das pessoas, embora um percentagem pequena (não facilmente estabelecível) coloque em prática alguma vez na vida.

Descritivamente temos duas variações: um trio composto de um homem e duas mulheres ou um trio de dois homens e uma mulher. Para muitos participantes, a compreensão da existência da bissexualidade no contato com uma pessoa do mesmo sexo facilita ou afasta esta prática.

Da fantasia à prática existem alguns passos a serem considerados.

A maioria dos homens parece que considera mais fácil da mulher aceitar o sexo a três se ela escolher com quem o casal fará sexo. Além disso, muitos homens considerarão um ponto extra que a mulher demonstre uma proximidade maior, quando ele poderá presenciar o sexo entre duas mulheres...

Além da motivação do homem para que a mulher se aproxime de outra mulher, ele precisará compreender se ela apresenta tendências bissexuais e em que grau para ter sucesso na proposta que fará. Apontar que a mulher, ao escolher a outra garota, poderá ver se não se intimida por ela, descartando aquelas com as quais ela não se sinta bem ou tenha mal-estares ou conflitos de acordo com o tipo da mulher.

Ao tentarem a primeira experiência a três, o casal já deve ter feito um acordo explícito e detalhado sobre o que podem ou não podem fazer no relacionamento a três. Uma das regras comuns e frequentes é a proposta de apenas fazer sexo, sem se deixarem levar pela possibilidade de um relacionamento afetivo, e que quando isso parecer que começa um envolvimento, afastarem-se da pessoa em questão. Outra regra é não buscarem a pessoa escolhida ou outra sem a presença do cônjuge. Esta regra visa diminuir a possibilidade de um envolvimento afetivo.

O casal deve verbalizar estas regras e o aceitamento explícito delas. Supor que o outro entendeu ou que seguirá uma regra que desejamos que o outro siga, não dá certo. Achar que o outro concordou, sem verbalizar de modo total, com todas as palavras necessárias. Um acordo no casal precisa ser muito explícito, em especial nestes assuntos.

Às vezes o casal precisa de várias semanas para administrar estas ideias e compreender como usarão o sexo a três para o bem estar do casal.

Uma regra mais constante nas últimas décadas tem sido o uso do preservativo masculino. Neste item muitos casais debatem muito sobre se necessitariam que a/o escolhido lhes apresentasse exames médicos que constatassem que não tem doenças sexualmente transmissíveis.

Uma forma muito comum do casal iniciar estes formatos é frequentando uma casa noturna de suingue, assim poderão se acostumar com a ideia das aproximações físicas sobre um deles e experimentarem o erotismo de modo seguro, e ainda público.

Alguns casais usam a escolha de uma garota de programa para garantir que será mais fácil de ter alguém que já sabe de atividades sexuais com pessoas sem compromissos afetivos.

Conseguir estabelecer esta variação de comportamento sexual exige um grau de cumplicidade e companheirismo de modo especial e diferente dos outros casais.

O casal precisa compreender que este não será um assunto a ser tratado em ambientes das famílias de origem, nem nas ocasiões sociais associadas a trabalho ou com grupos de amigos que não tolerariam estas formas morais diferentes. Claro que um ambiente religioso também é um momento em que não se falará sobre estas experiências a três.

O casal desenvolverá uma cumplicidade extra, pois ambos devem compreender que praticar sexo a três não é algo comum em que será um segredo que ambos precisam administrar e de uma forma a viverem uma vida que possam carregar.

As necessidades eróticas e como satisfazê-las depende de cada casal, e das qualidades e limites que cada indivíduo tem. Alguns casais sentem que precisam continuar a experimentar formas diferentes de eroticismo e sexo, e precisam compreender o que existe e que podem fazer. Provavelmente cada um fantasia com ideias diferentes e buscam formas e expressões diferentes e que necessitam do casal para executar, colocar em prática de modo que percebam a satisfação. Pedir ao outro e o outro aceitar fazer porque pedimos é o mais normal e natural. Portanto, não se deve, nem se pode, achar que somente o casal fará algo se os dois desejarem as mesmas coisas, e que não haverá graça se o outro fizer só porque pedimos. O casal existe, exatamente por isso, para permitir a satisfação das necessidades individuais.

Para muitos homens a mulher escolher um homem para transarem a três é impossível de acontecer. Para outros homens, é um sonho e um desejo especiais. Sempre será necessário que o casal compreenda como os desejos ocorrem. Se este homem tem o desejo de ver sua esposa/namorada com outro homem, o caminho para ela escolher um segundo homem para o relacionamento.

Mas também é verdadeiro que um dos dois dirige o casal e determina que o casal fará sexo a três, e o outro aceita, pois faz parte do acordo do relacionamento. Nestes casos o combinado preexiste, e apenas o indivíduo que comanda a relação é que determinará quem será o outro para integrar o sexo a três.

É importante compreender que se um casal gosta de ter sexo a três, não significa que aceitará sexo grupal, ou troca de casais. Para vários casais, ter uma terceira pessoa é o bastante e não aceitarão outras variações.

Se não existe nenhum conflito moral para o casal praticar o sexo a três, esta é uma prática viável para este casal. Quando existem questões morais conflitantes... é melhor buscar outras formas para exercitar a sexualidade!

Literatura no erotismo feminino e o masculino

Um conceito muito importante na expressão da sexualidade é o erotismo.

O erotismo é um elemento que depende de múltiplas variáveis. Uma principal é a autodenominação da pessoa em pertencer a um dos gêneros: masculino e feminino. A partir deste auto reconhecimento, através da identidade social de ser/pertencer a homem ou mulher, os passos do que pode ser erótico são determinados.

Num segundo momento, desde que nascemos, somos implicados e conduzidos a comportamentos e atitudes coerentes com a mesma identidade de gênero, mas desta perspectiva, imposta pelo mundo humano à volta: pais e familiares.

Com o correr dos anos, o significado de bom ou mau associa-se a determinados objetos e atividades. Com a adolescência o conceito de sexualidade e expressão sexual passa a se aplicar, e algumas das circunstâncias já reconhecidas como boas passam à classe de produtoras de estímulos sexuais: é o erótico.

Este esquema permite compreender como o erótico de uma pessoa não é semelhante ao de outra, e ao mesmo tempo permite compreender que existem grupos de possibilidades eróticas, e até percebermos que existem dois grandes grupos: erotismo para homens e erotismo para mulheres.

O desejo sexual masculino se faz pelo mundo das ideias, precisa ser pensado, usando mais a capacidade de fantasias de cunho genitalista, com planejamentos que conduzam para o coito, o encontro dos genitais. Assim o erotismo masculino se constrói, e passou a ser denominado de pornografia.

O desejo sexual feminino se constrói a partir do contato físico que atinge os cinco sentidos (visão, olfato, audição, gustação, e o mais importante: tato). O desejo e a excitação sexual exigem estes caminhos, inclusive através do fantasiar estas mesmas condições.

O homem considera erótico aquilo que seja genital e a mulher valoriza o caminho que produz a excitação e permite o sexo. A mulher chama este caminho de romantismo, de amor...

A pornografia sempre foi feita para homens. Assim, a maioria dos vídeos eróticos são feitos para homens, e passam a ser chamados de pornográficos.

O caminho romântico foi feito para mulheres. Portanto, a literatura erótica costuma ser voltada a mulheres, mesmo que homens também a apreciem!

A leitura permite fantasiar o caminho romântico para as mulheres que desejam o sexo como objetivo.

Para os homens a literatura é algo que demora muito para chegar ao objetivo coital.

O homem consome pornografia porque ela é feita de acordo com as necessidades de o homem perceber-se na qualidade de ser homem. A pornografia permite ao homem identificar-se como homem, tal qual se fora um espelho.

A literatura erótica permite a mulher construir mentalmente os passos que a conduzem a estar sexualmente excitada. O tempo de ler permite que o corpo reaja com a excitação sexual. Ler dá tempo e permite usar as capacidades mentais, da lembrança e das sensações mantidas na memória. Assim a mulher consegue excitar-se sexualmente de modo muito individualizado, diferente de ver um filme que conduz a estímulos visuais únicos, que não permitem a fantasia ou a individualização do estado fantasioso.

Os homens que tiram mais proveito dos contos eróticos também se utilizam dos mesmos mecanismos que as mulheres, usando o espaço mental, com toda a bagagem anterior de história de vida que é guardada pelas memórias dos cinco sentidos e das emoções associadas a estes aspectos.

O erotismo é formatado numa cultura e segue padrões de gênero. Mas cada indivíduo desenvolve padrões específicos sobre o que será mais ou menos erótico. Quanto mais exposta é uma pessoa, desde criança, a padrões sociais de erotismo, mais ela apresentará formas de absorver o erótico de acordo com os padrões culturais. Quanto mais isolada esta criança for, em termos de erotismo, mais individualizado será o padrão do erótico, dependendo de experiências muito pessoais, incluindo aqui padrões incomuns, até mesmo aberrantes.

Fantasias Sexuais – o que contar?

As fantasias sexuais dependem de processos de socialização primários que conduzem aos papéis de gênero, implicando que homens e mulheres tem, genericamente, formatos diferentes de fantasias sexuais.

Precisamos considerar que uma fantasia é algo que nos ocorre no espaço mental e que (ainda) não se transformou em realidade. Compreende pensamentos, ideais, imagens mentais, lembranças... compondo ou não histórias/estórias e que agem como potenciais motivadores para atividades que, nesta natureza, são de significado sexual.

Homens buscam desenvolver material mental associado a coito, genitais e circunstâncias direcionadamente chamadas de pornográficas.

A tendência de fantasiar sobre comportamentos alternativos, variações do comportamento sexual ocupa o espaço mental dos homens.

Uma das formas mais comuns, que muitos homens concordarão será o sexo a três, o "ménage a trois". Mais homens fantasiarão de estar com duas mulheres, mas existirão os que fantasiarão estar com a parceira e outro homem, sem contatos homossexuais. No ménage com duas mulheres existe a pressuposição e a fantasia das mulheres lesbicarem. Para o homem a mulher fazer sexo com outra mulher faz parte do sexo. Homens heterossexuais não consideram o sexo com outro homem como parte da fantasia sexual desejada.

As fantasias sexuais masculinas incluem muito sexo oral, mas recebendo do que fazendo, sexo anal, e até grupal.

A sexualidade feminina associa-se com o que temos denominado de romantismo, compreendendo uma sexualidade que para chegar ao coito exige variada estimulação sobre os cinco sentidos e exige um tempo que pode atingir 30 minutos ou uma hora para produzir excitação sexual suficiente para a penetração ocorrer. A penetração, o coito não são pressupostos necessários, mas as estimulações são o foco inserindo-se em contatos representantes da realidade social.

Emoções associam-se a afetos para que a excitação sexual seja disparada. A condição inicialmente não sexual, repetida, duradoura com estímulos compreendidos como positivos sobre os cinco sentidos passam a ser percebidos como afetivos, conduzindo a emoções chamadas por esta mulher como sexuais.

A fantasia sexual nesta caso é relacionada a amor, afeto, compreensão, e continuidade, de modo não casual.

A condição afetiva é mais importante quando se associa à definição da identidade feminina.

Fantasiar com o príncipe encantado ainda é a forma mais sexual das fantasias femininas.

Um casal pode e deve compartilhar as fantasias sexuais.

Porém, primeiramente, devem considerar que a fantasia sexual é, ainda, apenas uma fantasia. Fantasia significando que não se exige que se transforme em realidade.

O casal deve considerar que talvez a fantasia tenha apenas a função de provocar estímulos eróticos e assim permanecer.

Existirão fantasias que o casal compreenderá que pode colocar em prática, com as quais se sentem confortáveis e que se associa a ambos e que estão dentro de limites pessoais de ambos, não ferindo os valores morais e éticos de cada um.

Porém, através do conversar, o casal poderá perceber que algumas fantasias seriam muito danosas, e mesmo ferem e não são eróticas para o outro, devendo ser abolidas do universo mútuo.

Assim o conversar sobre as fantasias permitirá ao casal definir o que pertence a este casal e o que definitivamente está fora do relacionamento, mesmo no espaço fantasioso.

O conversar sobre fantasias implica em compreender que por serem um casal é que se justifica que podem falar a respeito. Que é nesta circunstância, sob confiança e respeito é que existe, de fato, a condição para expressarem-se sobre o mais recôndito do universo fantasioso.

Compreenderem estas bases e deixarem isto explícito permitirá o compartilhamento.

O conversar sobre deve ser de modo direto, efetivo, verbal e considerando a confiança combinada e compreendida.

Após um compartilhar uma fantasia é necessário que o outro se expresse a respeito, afirmando se consegue perceber-se fazendo parte desta fantasia, se está dentro das possibilidades morais e éticas e se ocorre a possibilidade de efetivação da fantasia ou se deve permanecer no limbo das ideias.

Camisinha feminina – usar? Para que e como a mulher percebe

Os preservativos denominados camisinha, tanto o masculino quanto o feminino, são métodos seguros contra doenças transmitidas pelo contato genital direto.

Alguns homens não sabem como usar a camisinha de látex, ou tem dificuldades, justificando-se para que não percam a ereção, por exemplo. Outros homens desejam, mesmo que não expressem verbalmente, que a mulher engravide deles, pois este é um mecanismo psicossocial antigo que denota a masculinidade, reforçando a identidade masculina.

O preservativo feminino apareceu como alternativa, através do qual a mulher assume o papel de cuidar da contracepção e de não contrair doenças sexualmente transmissíveis pelo genital.

Assim as mulheres tem como ir para um contato sexual sem preocupações e sem deixar para o outro a decisão, seja da gravidez, seja de não ocorrer contágios de algo que não se pode saber naquele momento erótico.

Conhecer a camisinha feminina é uma forma especial de uma mulher controlar os problemas que possivelmente ocorreriam. Assumindo esta responsabilidade ela resolve o problema.

Dois métodos contraceptivos continuam sendo os mais usados: a pílula anticoncepcional e a tabelinha. As pílulas são formas atualmente baratas (conseguem-se gratuitamente nos postos de saúde) e tem enorme variedade de formulas que se adaptam a diferentes mulheres, o que permite testa-las de acordo com possíveis efeitos secundários indesejados.

A tabelinha não é usada de verdade pelas que assim o dizem. A maioria tenta predizer quando são os dias férteis, sem grande precisão. E pelo número de mulheres e casais preocupados com a possibilidade da mulher ter engravidado, questionando principalmente através da internet, existe enorme desconsideração pela realidade e possiblidade de gravidez. A maioria destas mulheres e casais são jovens adultos e adolescentes.

Como usar a camisinha feminina

Todas as embalagens de preservativos trazem as instruções que deveria ser seguidas. Em se tratando de algo da vida íntima, privada, parece que o assunto é mais difícil de se compreender, mesmo numa simples leitura. Assim, mesmo podendo ler como se deve usar, surgem dúvidas que martirizam. Atualmente, através da internet se pode achar pelo *youtube* vídeos com as instruções e com demonstrações em modelos plásticos.

O mais importante nestas instruções é a mulher estar tranquila com a necessidade de introduzir a camisinha dentro da vagina, algo que muitas mulheres ainda sentirão uma restrição em fazer, pois associam a algo ruim, pecaminoso, ou "que não deveria fazer".

A mulher para usar a camisinha feminina terá que desenvolver um grau de confiança consigo mesma, e de conhecimento do próprio corpo, compreendendo como o corpo funciona e como a vagina acomodará o preservativo.

Com um dos anéis, o menor, da camisinha introduzido intravaginalmente, o maior ficará por fora e também protegendo os lábios vaginais de contágios.

☐ Encontre uma posição confortável para você - pode ser em pé com um dos pés em cima de uma cadeira, sentada com os joelhos afastados, agachada ou deitada;

☐ Segure a camisinha com o anel externo pendurado para baixo;

☐ Aperte o anel interno e introduza na vagina;

☐ Com o dedo indicador, empurre a camisinha o mais fundo possível (a camisinha deve cobrir o colo do útero);

☐ O anel externo deve ficar uns 3 cm para fora da vagina - não estranhe, pois essa parte que fica para fora serve para aumentar a proteção (durante a penetração, pênis e vagina se alargam e então a camisinha se ajusta melhor);

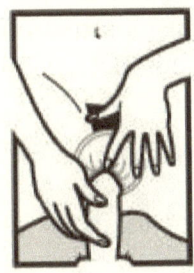

☐ Até que você e o seu parceiro tenham segurança, guie o pênis dele com a sua mão para dentro da sua vagina.

De modo geral o preservativo masculino de látex, que hoje temos em uma grande quantidade de marcas e tipos, ainda é caro o suficiente para impedir que muitas pessoas em nosso país possa usar de fato com frequência.

A camisinha feminina é muito mais cara e limitará o uso pela maioria das mulheres.

Outro limitante são mitos de que com quem a gente ama não precisa usar preservativos, pois não contrairá nenhuma doença, ou mesmo o desejo de engravidar tão logo seja possível...

Historicamente sempre existiu uma limitação legal no país para que não se promovesse a contracepção. Mesmo após caírem parcialmente estas limitações, e com a necessidade de distribuir preservativos masculinos, a diferença de custo prevalece para facilitar o masculino ser distribuído nos postos de saúde em número bastante razoável, embora de fato insuficientes para nossa população.

Faltam mecanismos de educação sexual para adolescentes e seus pais, para que compreendam como é o funcionamento das camisinhas e de que modo podem utiliza-las para atingirem objetivos adequados. Falta a possibilidade de acesso ao produto.

As mulheres tem algumas reclamações sobre a camisinha feminina. Uma é real a respeito do custo.

Outras reclamações dizem respeito aos mecanismos subjetivos de valoração moral do uso do preservativo, incluindo a falta de autoconhecimento corporal e emocional que interagem e impedem o uso de um contraceptivo ou de um mecanismo de proteção para a saúde. A mulher precisa conhecer o corpo, somente assim tem como utilizar, inserir-se a camisinha. A mulher tem que conhecer seus limites pessoais, pois se a camisinha ferir algum destes limites ela não a usará e a tratará como um produto negativo, usará justificativas religiosas, justificativas falsas sobre saúde e de que isto não é "natural". As justificativas falsas são mecanismos neuróticos que conseguem impedir uma pessoa de efetivar um comportamento.

Quando deve ocorrer sexo quando se conhece uma pessoa

No mundo ocidental sexo e amor adquiriram no último século significados distintos.

Há dois séculos, no centro da Europa, um casal procurava o padre para um casamento quando, após engravidarem reconheciam que poderia casar-se. Estas regras sociais apontavam para o sexo como meio de se chegar ao casamento.

Com o século XX houve uma valorização do relacionamento afetivo e a desvalorização do sexo como meio para o casamento. Ainda hoje podemos ver e saber de mulheres que buscam com a gravidez obter ou manter um relacionamento, e o perdem, ficando com o filho, produto do sexo. As regras sociais mudaram!

Ainda existem duas formas de compreensão. Encontros fugazes na balada são para satisfação e aprendermos como podemos sentir as coisas, termos emoções. Relacionamento de longo prazo implica em podermos conhecer a outra pessoa, conversar, ter tempo para compreender se a outra pessoa se encaixa no nosso plano de vida.

Se questionarmos à nossa volta, perceberemos que muitos dos casais que existem formaram-se em outros ambientes: escola, trabalho... situações que permitem aproximação e conhecimento mútuo. Assim ambos têm tempo para saberem se se encaixam nos planos de vida.

Além disso, a obrigatoriedade de se fazer sexo no primeiro encontro pode revelar ansiedade e isto pode ser percebido pelo outro que pode considerar este evento sexual algo que não se encaixa no plano de vida... ter alguém que saiba suportar frustrações, postergar necessidades para melhor momento...

O que vai ditar a relação interpessoal será o planejamento de vida e como cada um quer ou pretende que seja.

Se o sexo não for produzido por ansiedade será um prenúncio de possibilidade de relacionamento afetivo. Se o casal se conhece na balada e consegue desenvolver um relacionamento que se estende e não precisa ser baseado em sexo, ter feito sexo logo de início não impedirá

Quando sabemos o que procuramos na vida e estamos seguros de que as atividades a dois devem ser na direção do que desejamos, isto pode incluir sexo. Mas temos que compreender que muitas pessoas, mulheres e homens, desejam casamentos sem o compromisso de sexo. Então, o começo de um relacionamento a dois pode ocorrer sem sexo e assim permanecer, o que difere de um relacionamento que ao se iniciar com sexo e continuar, provavelmente baseará a vida conjugal nas atividades sexuais.

Sexo assim como outras características que exercerão grande efeito na existência do casal será testado para que cada um compreenda qual o lugar do sexo para ambos. Assim, o sexo em si dependerá dos significados que cada um dá para esta atividade. Se ambos valorizarem sexo, provavelmente será executado mais cedo após o encontro e influenciará positivamente a formação e manutenção do casal.

Quando cada um tem sua compreensão moral a respeito de sexo e de como o sexo deve ser feito ou quando deve ocorrer, esta diferença de significados não facilitará o relacionamento baseado na atividade sexual.

Se ambos considerarem o sexo importante, não estiverem ansiosos, provavelmente farão sexo o mais breve possível e isto os manterá juntos.

Mulher sozinha quer ou não quer casar?

Uma mulher adulta é produzida socialmente através de complexos mecanismos sociais aos quais denominamos de socialização primária e secundária. Uma criança nasce com genitais femininos e logo recebe um nome de mulher (muitas vezes já se sabe de que sexo a criança nascerá e o pais, antecipadamente, já dão um nome...). Mesmo quando a criança nem tem como compreender-se mulher, os pais já a tratam de modo feminino e colocam expectativas sobre esta filha e como deverá ser na adolescência e na vida adulta.

Nesta interação da subjetividade com o mundo objetivo, a mulher será moldada para desenvolver-se de acordo com os padrões sociais gerais, costumeiros e desejados naquele meio social, a partir da família.

Um dos padrões que correspondem às expectativas dos pais e do mundo é de que ela, após crescer, arranje um namorado e se case, tenha filhos e dê prosseguimento ao que os pais consideram seja normal e adequado.

Neste processo de socialização existe um concomitante que é o desenvolvimento de formas de personalidade, formas subjetivas de perceber-se, perceber o mundo e destinar-se um futuro, que mesmo que ocorra concomitantemente, e geralmente na mesma direção, traz maneiras próprias e individualizadas de administrar a realidade.

Então temos dois parâmetros a considerar que conduzem uma mulher a manter-se solteira: padrão social e padrão individual (personalidade ou subjetividade).

Dentro dos padrões sociais precisamos compreender quais são as regras sociais determinantes. Há 30-40 anos uma mulher de 30 anos que ainda não tivesse casada já era chamada de tia, pois cabia-lhe cuidar dos sobrinhos dos irmãos já casados, sempre que precisassem sair ou viver a conjugabilidade afetivo-sexual. Isto ainda ocorre, mas a idade para se ter o primeiro filho de classe média para cima foi aumentado, de modo que casar-se ou não ter filhos antes dos 30 anos passou a não ser incomum...

Pelos padrões de personalidade, precisamos compreender quais são as crenças que esta mulher desenvolveu e toma para si como regras de alto grau de importância no tocante a casar. Assim vamos encontrar mulheres que se propuseram, há muito tempo em suas vidas, a produzir uma carreira profissional, desenvolver a área de trabalho, deixando em segundo plano a possibilidade de constituir família, casar e éter filhos. Estas mulheres têm aumentado em número nas últimas décadas com a necessidade de mão de obra qualificada, dando espaço para estas mulheres com outros projetos de vida que não o de primariamente casarem-se.

Mas também podemos ter mulheres que desenvolveram padrões de personalidade que produzem distorções da realidade de modo a sentirem-se exigentes demais. A exigência que conduz a obter o contrário do que dizem que pretendem na vida é um comportamento irracional e neurótico. Assim, explicar que são muito exigentes é uma forma de colocar a responsabilidade da ação fora delas mesmas. Este comportamento neurótico somente faz mal a esta mulher que não administra e não soluciona o problema que se apresenta a ela.

Estas distorções da realidade podem ocorrer em mulheres com idade adolescente. Pois mesmo que ainda nem tenham chegado aos 20 anos de idade, podem considerar-se solteiras de modo inadequado, neurótico. Uma das formas neuróticas de justificarem-se: "Não tem mais homem no mundo", "homem é tudo sem vergonha" e assim seguem as formas de expiarem-se da responsabilidade e de se perceberem incapazes de cumprirem os desígnios que consideram mais corretos e adequados. Naturalmente este mecanismo é paradoxal e complicado, produzindo ansiedades e outras emoções negativas.

Uma mulher que pretenda ser casal precisa inicialmente compreender-se, conhecer as motivações pessoais, individuais, emocionais. Esta mulher precisa compreender como administra a realidade e como tem feito para satisfazer necessidades de modo geral. Compreender estes mecanismos significa poder compreender como e porque não atinge os objetivos que com sidera corretos e os quais busca. Outro passo é compreender para onde pensa seguir, que futuro pretende, se é que reconhece s sabe que pretende. Esmiuçar estas possibilidades de futuro será o passo seguinte, pois é necessário que tenha bem claro como deseja que o futuro ocorra, como querer ser e viver nas próximas décadas e o que está disponível para fazer em prol deste futuro. Assim aparece a nova fase: aprender a expressar-se de modo assertivo para que outros possam compreender suas necessidades e planos de futuro. Agora vem a fase de negociar com o outro e consigo mediando-se o que poderá conseguir e o quanto poderá deixar de lado, ceder e admitir que não alcançará, lidando com a frustração que certamente virá.

Compreender a realidade e os limites que ela nos impõe faz parte deste transito de mudança de identidade social: de solteira a comprometida com um relacionamento.

Quanto mais velha uma pessoa fica, mais cristalizada a personalidade. Isto implica que com o tempo, nossos defeitos ficam maiores e piores. Se uma mulher quer exigir mais e mais de outra pessoa para estabelecer um relacionamento, mais difícil será dela conseguir este relacionamento.

Acostumar-se a ficar sozinha e administrar a vida desta maneira pode ser uma das formas que a manterá sozinha.

Mulheres que entram em estados depressivos secundários a estarem sozinhas, provavelmente desenvolvem mais o estado depressivo, mantendo-se mais isoladas e sozinhas. Isto apenas dificultará mais ainda o encontrar um relacionamento complementar e que a auxilie a sair do negativismo.

Mulheres que querem relacionar-se e estão sozinhas cometem erros cognitivos:
- **estereotipização** – nestas mulheres é comum verbalizarem que "homem é tudo igual, só muda de endereço" e nenhum deles quer se mudar para o endereço dela ou permitir que ela se mude para o

endereço dele... o pensar de modo estereotipado e extremado sempre dificultará ações.

- tudo ou nada - Se o outro não for do jeito que ela quer, não serve. Isto revela a dificuldade em lidar com o diferente e com as nuances entre extremos.

- responsabilidade alheia – o homem é que tem que se responsabilizar pela mulher. Se ele não pagar as contas desde o primeiro dia não serve. Este mecanismo de dependência sempre tem um custo, o da subserviência, e os castigos quando a submissão não ocorrer.

- um relacionamento é para toda a vida – pode ser... se ambos trabalharem para isso, juntos e caminhando na mesma direção. Se consideramos as responsabilidades individuais teremos o resultado esperado... se não... o fim do relacionamento já é previsto... erramos planejando o fim!

- sem amor não vai dar certo – a expectativa do relacionamento apenas baseado na emoção raramente dará certo. E quando parece que dá certo traz sofrimentos (basta vermos a literatura clássica sobre o amor: Tristão e Isolda, Romeu e Julieta, Abelardo e Heloísa, Werther...). O relacionamento precisa basear-se na capacidade dos indivíduos em lidar com o cotidiano, com a rotina necessária para a vida dar certo e um planejamento de futuro existir.

Inicialmente compreender as limitações individuais é o caminho para superar a solidão e poder estabelecer um relacionamento a dois. Planejar nova forma de viver o mundo e investir, dia após dia, em novas formas de administrar a realidade depois de reconhecer que o mundo não se modifica apenas por desejarmos que se modifique.

Somente esta pessoa pode mudar! E mesmo assim, apenas querer mudar é apenas um primeiro passo. Geralmente não temos as estratégias adequadas para produzirmos modificações importantes em curto prazo.

É necessário tentar... se não conseguir sozinha, procure ajuda. Um dos mecanismos existentes é a psicoterapia. Esta forma de desenvolver estratégias individualizadas é muito importante na atualidade, pois permite valorizar o indivíduo e as necessidades individuais, sem desprezar a realidade objetiva e as outras pessoas que pretendemos que se mantenha ou passem a existir em nossas vidas!

Orgasmo feminino: o dilema do homem

Orgasmo é uma sensação que produz muitos debates e preocupações a homens e mulheres.

Nas mulheres surgem dúvidas sobre se elas têm esse negócio que dizem que é tão prazeroso. Muitas ouvem alguma mulher falar que sente orgasmo e fica sem saber do que se trata, apenas ouvindo que é bom, que é o prazer máximo, que é uma sensação indescritível, que não há nada melhor de sentir...

Algumas mulheres acreditam que só terão orgasmos se ejacularem da mesma forma que os homens!!!! E alguns homens também ficam esperando...

A maioria dos homens acredita ser responsável pelo prazer feminino, e em especial, pelo orgasmo. É como se os homens pensassem que sem eles (no singular) mulher alguma teria a possibilidade de obter um orgasmo. Muitos homens verbalizam isso de uma forma que soa infantil, valorizando-se acima do que sentem que valem.

O homem sente-se menos homem quando conhece que a mulher com quem está não teve prazer com ele. Sentem-se incapazes, impotentes.

O homem, em geral, pensa que a mulher necessita de seu pênis para obter orgasmos e não gosta sequer que ela se toque durante o relacionamento sexual, pois isto implicaria nessa impotência tão temida.

O orgasmo é um grande problema para muitas mulheres, homens e casais.

Algumas pesquisas mostraram que ao menos 1 a cada 3 mulheres costumavam fingir o orgasmo de modo frequente. Algumas verbalizam que o faziam para que o marido não se sentisse mal. Começaram ao responder uma primeira vez se tinham tido prazer, ao que responderam positivamente, e ambos deduziram de que ela falava de orgasmo... e ela teve que manter a história... às vezes por dez ou vinte anos.

Sempre recebo alguma pergunta sobre como ela pode resolver este dilema de ter orgasmos para que não precisasse contar ao marido que nunca tivera orgasmos até o momento...

O homem se sente traído ao saber que a esposa não tem orgasmos, ou pior ainda quando ela diz que nunca teve orgasmos! Traído e menos homem, incapaz de ser o que considera que todos os homens fazem "normalmente".

O sonho dos homens é ter como saber que "deram" prazer para uma mulher. E dá para saber se a mulher teve um orgasmo ou simulou?

Esta é uma pergunta que sempre recebi dos homens na minha prática de consultório sexológico.

Somente existe uma forma real de se saber se uma mulher está tendo orgasmo: ela dizer! E o homem acreditar.

Se a mulher mente, é um problema dela, não dele...

E muitas mulheres, mesmo se dizendo satisfeitas com o sexo, não conseguem ter orgasmos, não sabem tê-los... e salvo o homem ter problemas com o desenvolvimento de preliminares (não dois ou três beijinhos e duas passadelas de mãos em partes que ele considere sexuais) e controle ejaculatório (não dois ou três minutos, mas ser capaz de controlar por 15 ou 20 minutos de coito, penetração), é papel único da mulher aprender a ter este prazer forte e diferenciado na penetração.

Casais que pretendem manter-se juntos precisam desenvolver um futuro juntos precisam desenvolver confiança e isto implica em ambos saberem e não simularem, mentirem sobre o relacionamento que apenas compete aos dois presentes.

Confiar permitirá que o prazer exista. Se a mulher não tiver orgasmo, ela pode aprender, isto é algo que não se nasce sabendo!

Se a mulher não aprender nos primeiros anos de vida sexual, pode procurar ajuda com um psicoterapeuta sexual. O tratamento funciona e precisa da participação do parceiro sexual para facilitar a adaptação e o prazer a dois.

Hermafroditismo versus Androginia – o físico e o emocional

Estes são assuntos que povoam a fantasia de muitas pessoas. Curiosidades sobre o que é diferente e pouco conhecido. Então é necessário saber o que são estas formas de ser e como compreender cada uma.

Hermafroditismo é uma condição biológica que implica numa mistura de genitais externos e órgãos sexuais internos.

Desde a época da Grécia Clássica, há 2500 anos, reconhece-se que alguns humanos nascem com alguma mistura entre macho e fêmea (algo que nas escrituras judaico-cristã-muçulmanas não existe, limitando a criação a dois sexos: o macho e a fêmea). O termo hermafrodita tem sido usado baseado na figura mitológica Hermafrodito, que era filho e uma mistura de Hermes (o deus grego do comércio e dos ladroes) e a deusa grega Afrodite (da beleza física e do amor).

Um hermafrodita verdadeiro é extremamente raro, isto é, nascer com todos os órgãos internos e externos de homem e de mulher.

O pseudo-hermafroditismo implica em carga genética de um sexo e genitália inadequada com os genes. O mais comum será alguma condição genital intermediária que tem recebido o nome de intersexualidade.

Existem desde causas genéticas a exposição inadequada a hormônios nas primeiras semanas de desenvolvimento do embrião.

Um exemplo de como isso pode ocorrer pode ser feito com coelhos ou bois quando se deseja que os filhotes nasçam machos, independentemente da carga genética, se injetarmos testosterona nas mães recém emprenhadas, teremos machos nascendo. Dependendo das variações individuais e possíveis condições de produções hormonais, podemos ter variações da expressão física genital dos nascituros.

Algumas doenças associadas a questões genéticas também produzem pseudo-hermafroditas, com genitália ambígua.

Para as pessoas que nascem com esta condição é a tendência em nossa cultura é ter um diagnóstico logo ao nascimento e buscar adequação genital de acordo com as melhores possibilidades para que seja o filho criado conforme o genital possível.

Nossa cultura não sabe administrar estas condições intermediárias sem reduzi-las ao binômio conhecido: macho-fêmea.

Uma pessoa que nasce com os genitais de ambos os sexo nem sempre vai poder escolher a que sexo pertencer. Esta seria uma condição muito difícil de ocorrer. Ou a modificação genital ocorre nos primeiros meses de vida, ou a pessoa é criada dentro de um padrão masculino ou feminino que na média conduzirá a decisão pela forma na qual foi criada.

- Um hermafrodita pode ser fértil?

Esta é uma pergunta e uma fantasia de muitas pessoas. Um hermafrodita não pode ser fértil. Os órgãos reprodutores não se desenvolvem adequadamente, o que impede de produzir gametas (espermatozoides e óvulos). Existiu apenas um descrição não confirmada no começo do século XX, e que parecia mais uma confusão de nomenclatura naquela época.

Uma pessoa verdadeiramente hermafrodita também não fará sexo consigo mesma, se não da mesma maneira que as outras pessoas, pela auto-erotização e masturbação.

- E a androginia?

O termo androginia se refere a uma condição na qual a expressão social e emocional não é definida a partir dos genitais e mistura o ser masculino e o ser feminino.

Claro que as variações intermediárias são muitas entre os extremos, em especial numa sociedade que não apresenta extremos tão definidos quanto já ocorreu na sociedade ocidental, a exemplo de roupas definindo o ser macho e o ser fêmea.

Uma mulher andrógina tem aparência e expressões sociais e emocionais masculinas em algum grau. No homem andrógino as expressões femininas são aparentes.

Estas pessoas são confundidas com homossexuais, mesmo que não sejam.

Androginia diz respeito às expressões sociais e emocionais e o hermafroditismo diz respeito à constituição genital física, independente das expressões emocionais e sociais (papel social).

O papel social estipulado para cada sexo em nossa cultura é definido pela família imediata na qual a pessoa nasce e por extensão pela sociedade na qual se insere. O papel social é o que caracteriza ser masculino ou feminino, então uma pessoa aprende também a ser andrógina. O aprendizado não é estático nem de modo simplista imposto ao individuo. A interação do individuo com o meio, de modo constante e diário é o que definirá o papel social mais masculino ou mais feminino, a assim também em algum grau de androginia.

Então uma pessoa hermafrodita é diferente de uma andrógina, mas pode ser andrógina da mesma forma que qualquer outro em nossa cultura.

Vergonha da aparência no sexo

Para vida sexual a aparência tem importância a uma certa distância física. Após o contato inicial a aparência física diminui de importância, mesmo porque já cumpriu a função inicial que é de atrair pela visão. Nos passos seguintes os outros sentidos é que contam enquanto elementos externos para estimular sexualmente.

A sensação de intimidade contribui em muito para a atividade sexual, mas não basta apenas a intimidade. Casais que geram muita intimidade não necessariamente fazem mais sexo que outros menos íntimos. A intimidade é importante para o casal sentir-se bem e atingir um grau de confiança geral para a manutenção do relacionamento e planejamento de futuro.

Após o contato inicial visual, precisamos contabilizar os estímulos que vem do olfato, audição e tato. A gustação tem sua importância relativa e secundária associada a alimentos considerados saborosos, que facilitam o bem estar, mas não ao contato sexual explícito. O mais importante sentido após a aproximação física será o tato, que nem sempre é considerado na intensidade em que existe.

A Vergonha

O mecanismo de vergonha implica na pessoa pensar errado de si mesma. Este pensar errado se prolifera através de mecanismos automatizados e produz emoções negativas e inadequadas que não contribuem com o sexo, com estímulos mentais e fisiológicos. Este é o momento em que os estímulos físicos gerados pela visão não tem importância, mas os gerados pelo pensamento tem grande importância.

Deixar a vergonha de lado é apresentar-se de modo seguro, e implica em controlar pensamentos errados sobre si mesmo, sobre os outros e sobre o futuro. São formatos de pensamentos que passam muito rapidamente no espaço mental e do qual apenas percebemos os resultados emocionais e fisiológicos. Administrar estas respostas exige tempo, paciência e perseverança. Deixar acontecer como se fosse "assim mesmo" é produzir a falha na sequencia.

Autoestima

Podemos melhorar e desenvolver a segurança e autoestima através do controle mental, do controle sobre os pensamentos automatizados negativos. Este controle não é a ingenuidade de se dizer que "tudo está bem", mas de discutir consigo mesmo sobre como este pensamento se associa às emoções negativas e os comportamentos envergonhados. Compreender o que estes pensamentos errados produzem em termos de auto apreciação, de auto apresentação, de identidade pessoal. A visão de si mesmo precisará modificar-se para que a autoestima positiva ocorra.

Sobrepeso e exposição para sexo

Se uma pessoa está insegura com o sobrepeso, de nada adiantará usar de subterfúgios para tentar algo que ela sabe que não existe. Usar roupas que não revelam o corpo afastará aos que buscam exatamente este tipo de corpo... diminuirá o estímulo sobre o outro, desfazendo o desejo do outro em prol de uma ideia que esta pessoa faz do que seria melhor, sem perguntar ao outro.

Existem acessórios e roupas que são consideradas mais eróticas nesta cultura. Estes meios deveriam ser buscados, não interessa o peso corporal. Porém, somente teremos certeza de que estes acessórios são corretos quando a outra pessoa validá-los.

Homens não se preocupam com celulites e estrias. Homens que buscam sexo se preocupam com mulheres que queiram atividades sexuais. Uma mulher ser reconhecida como esteticamente maravilhosa não significa que seja adequada sexualmente, e os homens que já tiveram alguma experiência sexual sabem disso e não apostam apenas no visual externo e à distância.

Perguntem às pessoas com quem pretendam fazer sexo e a barriguinha é errada ou contraditória aos desejos destas pessoas!

Nada melhor do que perguntar a quem pode fazer bom uso da interação sexual.

O estético socialmente é desejável, mas não necessariamente associa-se com a motivação de atividades sexuais a dois. O desejo sexual de uma pessoa liga-se com aspectos vividos anteriormente e de acordo com modelos que a pessoa teve nos primeiros 20 anos de vida. As vivências pessoais são superiores às regras sociais quando nos referimos à privacidade, à vida sexual que não pertence ao mundo social, este mundo que valoriza alguns aspectos estéticos sobre outros.

Vergonha da vagina

Os órgãos genitais femininos demoraram séculos para perder a função de exclusividade reprodutiva e serem apenas anexos para a sexualidade masculina.

Até mesmo a origem da palavra implica em uma função para receber o pênis. Significando bainha, a vagina era um complemento e não prenunciava uma função principal na união entre homem e mulher.

Em várias culturas e religiões, a vagina é apontada de modo a exigir cuidados, em especial quando a mulher se encontra menstruada, sequer podendo tocar o homem ou a comida que ele ingerirá...

A vagina não foi usada historicamente com características positivas, mas associada apenas ao meio de reprodução e sem adjetivos que revelassem beleza.

A forma de uma pessoa administrar uma parte do corpo depende de regras externas, sociais e de compreensão individual.

Em nossa cultura temos regras diferentes para homens e para mulheres.

Falar do sexo do homem é uma necessidade para os homens e um orgulho para sentir-se masculinos. O homem aprende desde criança que referir-se ao próprio pênis é positivo, adequado, e valorizado para mostrar-se mais masculino, homem!

A mulher aprende outras regras...

Para ser mulher, desde menina, ela aprende a valorizar sentimentos, de preferência os mais perenes, a exemplo do amor, e com o formato chamado romântico. Assim, a atenção da mulher é desviada do genital feminino. Como consequência, falar de vagina é fora das regras.

Basta compreendermos que deveríamos nos referir à vulva, que é a genitália externa da mulher, e não à vagina, que nunca será vista, pois é o tubo interno que acolherá o pênis na penetração. Aliás, a maioria das pessoas provavelmente não compreenderá o que é vulva. A palavra vagina passa a ser algo meio mágico que significa aquilo que não se vê, e do qual pouco se fala, e que muitas mulheres nunca tocaram, nem devem tocar de acordo com a regra aprendida.

Assim, sentir vergonha de falar de vagina é uma regra. Não sentir vergonha implica em não se referir a esta parte do corpo que não é valorizada para perceber-se mulher. A mulher não precisa falar, conhecer ou tocar a vagina para sentir-se mulher. Já o homem deve tocar-se falar e viver os genitais masculinos para sentir-se homem...

Em cada indivíduo também haverá mecanismos que podem interferir com a apreciação positiva de uma parte do corpo. Em especial isso acontecerá com os genitais. A deformação da realidade segue mecanismos cognitivos, de processos de pensamento que regulam o contato da pessoa com o mundo. Quando uma mulher pensa errado, poderá observar-se e considerar os genitais feios, errados, inadequados. Sejam ou não sejam feios ou inadequados, pela distorção ela considerará os genitais feios e errados!

O pênis, em vários momentos históricos, tiveram funções de significar poder.

No atual contexto cultural somente pela subversão das regras é que a vagina significará poder. Uma mulher por usar a vagina, pelo sexo, para obter e viver poder, controlar o homem.

Outra forma de exercer o poder pela vagina é que o sexo permite a reprodução, e por conseguinte, a possibilidade de controlar o homem por um par de décadas.

A vagina significa poder se não for usar para o próprio prazer.

O genital ao ser usado para o prazer não precisa ser associado a lutas de poder.

Os genitais femininos devem ser divididos em duas partes: o reprodutivo e o sexual. Ovários, trompas e útero somente terão significado reprodutivo. Vagina, lábios vaginais e clitóris tem significado sexual. A sexualidade implica no uso do corpo com objetivos de prazer, eróticos. O uso do genital externo e a vagina na busca de prazer é a possibilidade de estabelecer um relacionamento que complementa a troca de emoções entre humanos.

No último século houve a valorização da sexualidade e o decréscimo do valor da reprodução. Assim os genitais externos tem ganho maior importância para a vida das mulheres, algo que não era importante até o século XX.

Os lábios vaginais são as estruturas genitais femininas que mais são apontadas como algo feio ou inadequado. Claro que o comércio de venda de fantasiosas soluções através de cirurgias plásticas para modificar o visual dos lábios vaginais tem crescido. O alvo são as mulheres que se consideram erradas, e infantilmente colocam a responsabilidade de sua infelicidade em pequenas estruturas de pele dos genitais. Algo que possivelmente seus parceiros sequer olharão... mas elas ainda se justificam: "mas eu sei como eles são... e são feios..." Quando não se gostam, tentarão colocar a responsabilidade de sua infelicidade em algo físico para não assumirem esta responsabilidade e não se sentirem culpadas. Ao se sentirem culpadas elas revelariam ser infantis, por isso o método de tentar melhorar a aparência do genital apenas revela o foco do pensamento errado.

O prazer sexual não é algo inato, tal qual as pessoas consideram pelo senso comum. Aliás, pensar assim é um mecanismo infantilizado, demonstrando incapacidade de lidar com a realidade, optando por entendimentos baseados em mecanismos utilizados na infância.

Prazer é algo aprendido. Sem que a mulher compreenda como funciona e pode funcionar, tenha experienciado como precisa ser estimulada nos genitais para sentir prazer, ela não terá prazer facilmente...

Pesquisas de há pouco mais de 20 anos, em São Paulo, referiam que as mulheres precisavam de 2 a 5 anos de atividades sexuais frequentes para aprender a ter orgasmos... e apenas 30% consegue obter orgasmos com facilidade...

As mulheres que tiveram experiências de auto erotização na adolescência terão mais chances de aprender a ter orgasmos.

As mulheres que não tem orgasmos na vida adulta mais provavelmente não se masturbaram na adolescência e compõe as que se queixam de anorgasmia nos consultórios de psicoterapeutas sexuais.

Muitas mulheres chegam à vida adulta sem terem aprendido a lavarem-se nos genitais, cuidarem-se e isto pode conduzir a desenvolverem problemas e relegarem e minimizarem estes problemas genitais piorando o quadro de doenças possíveis.

Saber como é o genital, como funcionam as estruturas do genital feminino permitirá que a mulher desenvolva-se na qualidade de ser mulher, de ser fêmea e ser feminina, sem volteios, sem auto enganar-se ou de buscar enganar o outro.

Apenas vivendo a proposta de viver bem a vida sexual permitirá que a vagina seja uma parte positiva do corpo, bonita, adequada.

Se as flores são consideradas bonitas, se as orquídeas são flores consideradas muito bonitas... com o que o genital feminino deveria ser comparado?

A dificuldade de superar um problema sexual

Atendo pessoas com queixas sexuais desde 1984. São problemas e problemas, a maior parte do tempo não é apenas um problema que a pessoa traz, é uma soma de vários problemas sexuais associados a questões de relacionamento de casal e de problemas emocionais.

As pessoas chegam a uma primeira consulta com queixa sexual com muito sofrimento. O tempo de problema sexual varia muito, desde uma ou duas semanas a até 20 anos (ou mais).

Muitos nem querem que as pessoas com as quais fazem sexo saibam ou participem do tratamento... é... uma forma infantilizada de "enfrentar" esses problemas. Alguns ainda chegam nesta primeira consulta acreditando que sairão destes 50 minutos com a solução... já escutei de um paciente que ele viera para a consulta com tanta certeza de que sairia curado que marcara um encontro sexual duas horas depois da consulta!

Todos que chegam a esta primeira consulta querem mudar esta condição... querem, mas muitas vezes não querem se modificar!

E este é o problema maior!

Um dos defeitos de enfrentamento da realidade é o mecanismo de crer que o mundo resolverá nossos problemas. Este mecanismo produziu várias instituições sociais em nossa cultura. A igreja, a medicina, os governos públicos... são apenas algumas destas instituições. Nestas situações parece que basta transferir a preocupação que nos faz sofrer. Vou à igreja, rezo, prometo, sou desculpado, saio feliz. Vou ao médico mostro meu sofrimento, ele me dá um remédio... pronto, nem tive que fazer muita coisa, só tomar o remédio, e quando passar o sofrimento posso parar o remédio (mesmo que ainda tenha o restante da caixa para tomar, de acordo com o médico...). Tem algo de errado em minha cidade, é culpa do governo!

Assim vários pacientes nos chegam semanalmente dizendo que querem solucionar um problema sexual.

A psicoterapia é uma forma de tratarmos problemas psicológicos (emocionais, de relacionamento de casal ou interpessoal...). Nesta forma de tratamento precisamos que as pessoas se envolvam, tenham ações a cada semana.

É aqui que vemos estas pessoas acostumadas aos mecanismos sociais que solucionam seus problemas sem que elas precisem fazer algo. Estas pessoas acham que basta vir às consultas, contar, ouvir... Alguns até mostram esta compreensão quando falam que vem para "conversar". Estas pessoas não compreenderam, ainda, o que é a psicoterapia. Precisam ser ensinadas a respeito.

A psicoterapia não é um tratamento no qual basta a pessoa se apresentar no horário da consulta.

A psicoterapia exige comprometimento, envolvimento.

A semana toda faz parte da psicoterapia.

A psicoterapia dos problemas sexuais inclui também atividades a serem desenvolvidas. Muitos gostam de chamar de lição de casa, à moda da escola. Não! Estas tarefas para serem executadas fora do consultório não são semelhantes aos processos pedagógicos que ocorrem nas escolas. E vários pacientes precisarão de algum tempo para compreenderem isso... e possivelmente com sofrimento acontecendo.

A diferença da psicoterapia para com os processos pedagógicos inclue a necessidade do sujeito ser dono da ação, e não apenas reprodutor da ordem dada.

Aqui entra uma parte da dificuldade em mudar...

Estes pacientes voltam a cada semana e contam o que fizerem e assim consideram que estão mudando. É bem verdade para alguns... Sim, o processo pedagógico também funciona. Funcionou durante todo o processo escolar...

Mas estes pacientes tem uma crença interior de que basta frequentar as consultas para que o problema vá embora!

E isto sempre me preocupou.

Eu, psicólogo, compreendi, há muito tempo, que meu paciente precisa compreender que ele é o dono da ação, e o fazer servirá para que ele se apodere do que faz e dos significados que estas ações tem em sua vida. Assim superará o problema sexual e saberá como agir no futuro quando e se ocorrer novamente uma dificuldade sexual parecida.

E gora mesmo pensava num paciente... ele vem a consultas há 3 meses, semanalmente, salvo um par de vezes em que acordou muito gripado e aquela semana que saiu de férias com a namorada... Este rapaz com perto de 30 anos foi ao longo das semanas recebendo tarefas parciais para executar. Como é de se esperar, ao longo de 3 a 5 semanas existiu um alívio de sintomas, e ele se mostrou feliz. Claro que procuro mostrar que era esperado este alívio de sintomas nesta fase da psicoterapia... mas nem sempre todos os pacientes compreendem esta anotação. Conjuntamente ao alívio, as tarefas não eram cumpridas. O alívio provava que "bastava" frequentar as sessões de psicoterapia. Então, mais 3 ou 4 consultas inicia-se a fase de lamentações: "não está funcionando, eu nem tenho vontade de fazer os exercícios, pois não adianta". Fazer os "exercícios" em parte é uma afirmação correta... mas ele tampouco fez os "exercícios", assim as respostas às perguntas: o que lhe passa pela cabeça nestas horas? Como se sente? Não podiam ser respondidas. Em verdade só podia responder estas perguntas sobre não ter feito os exercícios...

E mesmo assim estes pacientes demoram-se para compreender que precisam modificar a atitude. Não pensem os leitores que os psicoterapeutas não falam a estes pacientes que eles não estão cumprindo o tratamento, que não apontamos, semanalmente o fato. O difícil para estas pessoas é assumir que precisam aprender a mudar e mudar é algo que eles não desejam e ainda não aprenderam a querer, voluntariamente, a mudança.

A crença de que o mundo externo lhe resolverá o problema é algo que exige um tempo para ser mudada, e para muitas pessoas isso nunca ocorrerá...

Colocar no outro a responsabilidade de solucionar nossos problemas é um lugar comum em nossa cultura... e muito difícil de ser mudado.

E estou aqui pensando o que vou dizer para este paciente, que novamente tentou neste último fim de semana, fazer exatamente aquilo que ele já sabia que não conseguiria fazer... e mesmo assim tentou, como se a semana que passara fora o suficiente para lhe mudar as atitudes. Pacientemente tenho que auxiliar a ele que desenvolva um caminho para que ele tenha consciência do que ocorre e de que ele está produzindo, semanalmente, o problema sexual.

Assim, mudar não é fácil, pois se o fosse não seria necessário auxílio externo!

Para cada um de nós deveria permanecer a mensagem: atenção a nossas formas de encarar o mundo. Se pensarmos que os problemas se resolverão... que os outros farão alguma coisa e nós não precisaremos fazer nada... cuidado... sofrimentos ocorrerão!

Sobre o autor
Oswaldo M. Rodrigues Jr.

- **psicólogo e psicoterapeuta** sexual desde 1984, formado na Universidade São Marcos (São Paulo, Brasil).
- Mestre em Psicologia Social pela PUC/SP.
- atua no tratamento de disfunções e queixas sexuais e terapia de casais no Instituto Paulista de Sexualidade;
- Diretor e Psicoterapeuta do **InPaSex - Instituto Paulista de Sexualidade** desde 1996
- ensinou Teorias e Técnicas Psicoterápicas, Psicologia Geral e Psicologia Social no Curso de Psicologia da **UNIMARCO** – Universidade São Marcos (SP) - 1984-1990;
- Secretario General da **FLASSES – Federación Latinoamericana de Sociedades de Sexología y Educación Sexual** (1998-2002)
- coordenador do **CEPES – Curso de Especialização em Psicoterapia com Enfoque na Sexualidade** – Instituto Paulista de Sexualidade desde 1999;
- membro do Conselho Consultivo da **WAS – World Association for Sexual Health** – 2001-2009;
  - Secretario Geral/Tesoureiro (2001-2005)
  - Membro do Comitê Científico Internacional (2001-2011)
- membro do Conselho consultivo da **ABEIS – Associação Brasileira para o Estudo da Inadequação Sexual** – (desde 1987);
  - Secretário Geral (2001-2003)
  - Presidente (2003-2005)

- Presidente da **SBRASH – Sociedade Brasileira de Estudos em Sexualidade Humana** – 2005-2007;
 - participou da Diretoria de 1991 até 2009;
 - Membro de Conselho Consultivo – 2007-2009;
- Editor Chefe da revista **Terapia Sexual** (desde 1998); revista técnica de publicação semestral;
- coordenador de pesquisas do **GEPIPS** – Grupo de Estudos e Pesquisas do InPaSex;
- **autor de 21 livros publicados em Português**
- **autor dos livros em espanhol:**
 - **Vaginismo**. São Paulo: Biblioteca 24X7, 2008.
 - **Sexo, amor y dinero**. São Paulo: Biblioteca 24X7, 2008.
 - **Inventarios de Sexualidad** – São Paulo: Instituto Paulista de Sexualidade, 2010.
 - **Sexo, amor y dinero**. Editorial Académica Española: 2012.
 - **Eyaculación Precoz**. Editorial Académica Española: 2012.
 - **Objetos del deseo**. Editorial Académica Española: 2012.
 - **Sexología Clínica – uma visión Latinomaericana**. Editora Livro Pronto: São Paulo, 2104
- Autor de outros 26 capítulos em livros de psicologia, medicina e sexualidade.
http://www.oswrod.psc.br
http://www.inpasex.com.br

www.ingramcontent.com/pod-product-compliance
Lightning Source LLC
Chambersburg PA
CBHW032028290526
45786CB00011B/1134